Adolphe Prins

La Tendance collectiviste

Essai

ISBN : 978-1544030197

10 9 8 7 6 5 4 3 2 1

Adolphe Prins

La Tendance collectiviste

Essai

Table de Matières

PREMIÈRE PARTIE

Grand Agamemnon, quand la hiérarchie est étouffée, on aboutit au chaos.

(SHAKSPEARE, TROÏLUS ET CRESSIDA, Acte I, scène III.)

L'absolu n'est pas de ce monde. Toute doctrine absolue que l'on veut appliquer à des hommes vivant en société est frappée d'impuissance, et vient se briser contre les faits.

Malgré la grandeur et la fécondité du droit individuel, dont il est impossible de se passer, l'outrance dans l'individualisme économique a provoqué au siècle dernier une réaction qui dure encore. Malgré l'impérieuse nécessité d'une conception organique de la société et d'une législation sociale, l'outrance du socialisme collectiviste produit à son tour une réaction naturelle.

La question sociale est la question de la part proportionnelle des différentes classes sociales dans l'ensemble des profits de la production nationale. Aux yeux des socialistes modernes, il y a à la tête du mouvement économique une classe d'entrepreneurs capitalistes, monopolisant la plus grande partie des moyens de production, s'attribuant, sous forme de gain, d'intérêt, de fermage, de rente, une part démesurée du revenu total, et confisquant la plus-value fournie par les classes salariées dont la concurrence capitaliste accroît les maux.

A ces maux, le marxisme oppose un remède souverain : la remise à la collectivité de tous les moyens de production et d'échange.

A un certain moment de sa vie, Marx avait pensé qu'il était possible de réaliser son rêve par le suffrage universel, la dictature prolétarienne et la révolution ; son illusion n'a pas été de longue durée, et à l'espoir d'une révolution a succédé, dans l'esprit des marxistes, la conception d'une lente évolution de la société vers le collectivisme. Rodbertus évaluait à cinq siècles le temps nécessaire à la transformation de la société. La socialisation sera insensible. Nous marchons, par le jeu même des forces naturelles, vers la constitution d'une société économique où la production des biens aura lieu sans capital, ni propriété privée, ni concurrence, ni

Adolphe Prins

échange ; la répartition se fera conformément à l'équité ; il n'y aura plus de classes sociales ; les producteurs et les consommateurs, les travailleurs manuels et les intellectuels, les riches et les pauvres disparaîtront au sein d'une sorte de communauté primitive agrandie et concentrée sous la main de l'Etat. La socialisation de l'industrie ne sera que le prolongement et la généralisation des tendances actuelles, dont le terme suprême sera, sans secousses ni violences, l'expropriation régulière et logique de tous les moyens de production et d'échange.

Assurément, la doctrine collectiviste, comprise comme schéma d'une société idéale, n'est pas plus utopique que toutes les doctrines sociales qui, depuis Platon, ont été formulées par de grands penseurs pour assurer le règne de la justice, de la moralité et du bonheur universel. Elle a toutefois un caractère particulier qui la fait sortir de la sphère des discussions académiques et la mêle intimement aux préoccupations présentes ; elle s'est emparée de l'esprit des masses ; elle a exercé sur le prolétariat une influence égale en intensité à l'action qu'a exercée le *Contrat social* sur l'esprit de la Bourgeoisie ; elle est devenue ainsi, à des degrés divers, une tendance directrice de la démocratie contemporaine.

Dans les lignes qui vont suivre, je me propose d'examiner la valeur scientifique et sociale de cette tendance.

I. — LA TENDANCE COLLECTIVISTE ET LA DIFFÉRENCIATION DES INDIVIDUS

La loi d'évolution est indiscutable. Mais on peut se demander pourquoi elle s'arrêterait à un moment déterminé et pourquoi une société toujours en devenir serait tout à coup figée dans des formes désormais immuables, par la simple raison qu'elle serait arrivée au stade rêvé par Marx. A-t-on bien songé, d'ailleurs, à ce que serait une société parfaite qui aurait atteint l'équilibre absolu, qui n'aurait ni problème à résoudre, ni misère à secourir, ni crime à pardonner, ni richesse à conquérir ; qui ne connaîtrait ni le danger, ni l'inquiétude, ni le besoin de changement ? La douleur est pour les groupes, comme pour l'individu, la grande éducatrice. Une société sans vices, ni passions, ni orgueil, ni égoïsme, ni abus, ni besoins, ce serait une société sans joie, sans charité, sans désir, sans activité ou intelligence, sans esprit d'initiative et d'invention ; elle s'éteindrait, stagnante, dans le silence et le néant ! Et alors que, dans l'humanité comme dans la nature, tout se meut et tout change incessamment, quelle aberration qu'un dogmatisme politique fondé sur la croyance à une solution définitive !

Ensuite, et c'est là un point qu'il importe de mettre en pleine lumière, le collectivisme n'est rien s'il n'est pas le nivellement des inégalités, la fusion des éléments divergents, l'atténuation des différences et des variétés, de la hiérarchie des groupes des organes, des individus dont se compose une société. Et on peut se demander également pourquoi l'évolution, qui a toujours agi dans le sens de la différenciation progressive des facteurs sociaux, se ferait soudain à rebours ; pourquoi elle retournerait brusquement aux formes rudimentaires de la démocratie primitive ; pourquoi cette différenciation s'arrêterait toute seule, alors que jamais encore dans le passé la contrainte la plus rigoureuse n'est parvenue à l'empêcher. Un système de propriété sociale sans capital ni échange, tel que le collectivisme le conçoit, n'est pas un point d'arrivée, il est un point de départ ; il a existé comme étape primitive, sans éviter d'ailleurs qu'il n'y eût des pauvres et des inférieurs ; c'est le germe d'où sont sortis et la multiplicité des formes de l'existence, des modes de groupement des individus, des organes de la vie sociale, des sphères de la vie économique, et la souplesse infinie, la libre variété de structure de l'Etat moderne ; le collectivisme est ainsi la négation même de la loi d'évolution qu'il invoque.

En réalité, l'organisation primitive n'a pas pu rester stationnaire parce qu'il n'y avait pas égalité des individus et de leurs aptitudes. S'il y avait eu égalité parfaite, il n'y aurait eu aucune différenciation des sociétés, des groupes et des hommes, et il n'y aurait jamais eu de transformation sociale.

Mais comme les différences existaient, l'évolution sociale a toujours dû être le passage graduel de l'homogénéité à l'hétérogénéité, de la confusion à la division des organes, des fonctions, des compétences ; à la distinction des classes, à l'inégalité des conditions, des situations et des individus ; à la spécialisation de plus en plus accentuée de tous les éléments de la vie sociale qui, latents dans la communauté naissante, s'en détachent et se

Adolphe Prins

développent à travers les siècles.

Toute vie est mouvement et dépense d'énergie ; et aussi longtemps qu'il y a croissance et développement, il y a différenciation. Un groupe social doué de vitalité et d'énergie est un être collectif, qui croît et se différencie comme tous les êtres, hommes, animaux, plantes, qui se subdivise, se ramifie et se spécialise comme les littératures, et le langage, comme les sciences et le droit : les rameaux se séparent du tronc ; ils forment des êtres distincts qui, à leur tour, se différencient [1]. Dès qu'il y a développement, il y a différenciation et complexité.

Le moule social primitif n'a donc rien de fixe ; il n'est et ne peut être qu'une forme provisoire ; et comme tout organisme à tendance égalitaire et communautaire, il recèle en lui les causes de sa destruction, c'est-à-dire la variété infinie des besoins, des buts, des aptitudes, des intérêts, qui, en se multipliant, ont brisé l'enveloppe qui les contenait.

Le procédé de développement de la société est en principe celui de la nature organique. Son résultat est l'antithèse du dogmatisme collectiviste. Dans la nature, la fixité n'existe nulle part et à aucun moment. La variabilité est partout et toujours. Le monde est, à chaque instant, différent de ce qu'il était à l'instant précédent et « chaque étape est conditionnée par l'étape antérieure. » Dans toute l'étendue de l'univers et à tout moment, il y a des milliers et, des milliers de combinaisons, d'accidents, de possibilités d'existence cherchant à se réaliser. Pour tous les êtres aspirant à vivre, à se développer, à se multiplier, le problème est l'adaptation au milieu [2]. Chacun a ses qualités, ses propriétés, ses tendances particulières ; chacun a ses moyens d'action, ses besoins personnels et distincts de ceux des autres êtres ; chacun, tel qu'il est, doit, dans cette vie universelle qui coule sans interruption, s'adapter au milieu qu'il rencontre et aux conditions du moment. En ce sens, tout être qui naît est un défi à la nature ; il faut qu'il s'adapte ou disparaisse.

Dans la société, il en est de même. Les nations, les classes sociales, les individus se différencient par l'adaptation au milieu.

Pour les nations d'abord, que l'on attribue leur différenciation, avec le major Brück, à l'intensité plus ou moins grande de la circulation magnétique, ou, avec Demolins, aux routes suivies dans leurs migrations par les peuples habitant primitivement le plateau central de l'Asie [3], un fait est constant : elles doivent adapter leur énergie au milieu, et l'énergie varie suivant le climat, les richesses naturelles, la fertilité, la configuration du sol qu'elles occupent.

Elles ne trouveront ces moyens d'adaptation ni aux pôles, ni aux tropiques, par exemple [4]. Mais, dès qu'il y a un groupe d'hommes sur une portion du globe favorable à l'expansion de la vie, le groupe s'adapte ; il prend son caractère propre, devient peuple nomade ou agricole ou guerrier, industriel ou commerçant. Et, en s'individualisant, il se perfectionne, il s'outille en vue des buts variés offerts à son activité ; il acquiert, non par l'intervention artificielle du législateur, mais toujours par le même procédé instinctif et naturel de différenciation et d'adaptation, les organes répondant aux fonctions différenciées sans lesquelles la vie sociale est impossible. Puis, à mesure que le groupe s'étend, les intérêts et les besoins se multiplient et les fonctions et les organes se multiplient en proportion des besoins.

L'on aboutit au mécanisme complexe et spécialisé qui distingue une civilisation d'une peuplade non civilisée. Tous les rouages confondus dans la cellule primitive apparaissent chacun avec son caractère particulier : gouvernement et administration, états et communes, cultes, législation, justice, hygiène, enseignement, transports, agriculture, industrie, commerce, sciences, arts, corporations publiques, associations privées, services publics, entreprises privées, etc.

Et tout cela se résorbe dans une unité supérieure, l'unité nationale, qui caractérise chaque peuple et fait qu'il n'y a pas deux peuples semblables.

De même, dans chaque nation, l'on voit, en vertu du même procédé, les classes sociales se détacher du noyau primitif. D'abord chacun travaille pour soi et les siens ; chacun fait indifféremment toutes les besognes ; chacun est menuisier, forgeron, laboureur, soldat, juge ; et, toutes les fonctions et toutes les activités étant réduites au minimum, les efforts en vue de l'adaptation sont élémentaires ; les membres de la communauté n'ont aucune difficulté à se substituer les uns aux autres. Peu à peu, toutefois, la spécialisation s'introduit parmi eux et sa première manifestation est la séparation du travail musculaire, mécanique, manuel, d'avec le travail intellectuel ou non manuel. — A côté de ceux qui font plus particulièrement œuvre de leurs bras, il y a les féticheurs, les sorciers ou médecins, les chanteurs et les chefs dont les occupations sont moins mécaniques, ont un caractère plus relevé et donnent à ceux qui s'y adonnent un certain prestige. Tel est le point de départ des classes sociales. Cette division embryonnaire crée déjà en un certain sens des supérieurs et des inférieurs, qui se différencient de plus en plus par leur genre de vie, de préoccupations, d'intérêts, par leurs idées, leurs sentiments et leurs habitudes. Elle produit même une distinction dans l'aspect extérieur, car elle donne aux supérieurs un costume ou, tout au moins, un signe distinctif, plume, anneau ou tatouage spécial.

En s'accentuant avec le temps, la différenciation forme une classe adonnée surtout à la vie économique, à la production des biens, et une classe adonnée surtout au travail d'organisation et de direction. A mesure que la population augmente et que les relations se développent, les classes se subdivisent de plus en plus en classes professionnelles spécialisées dans les différent métiers et en classes professionnelles spécialisées dans les différentes fonctions, si bien que, d'une part, des producteurs travaillent pour assurer la consommation d'autrui, pendant que, d'autre part des consommateurs travaillent pour assurer la sécurité des producteurs, la paix intérieure et extérieure, la marche régulière des services gouvernementaux nécessaires à des hommes vivant ensemble.

Je n'apprécie pas en ce moment cette différenciation et cette hiérarchie. Je ne recherche pas si elles sont toujours conformes à la justice. Je constate simplement un phénomène permanent de l'histoire et que tout contribue à accélérer.

Au point de vue politique, le passage de l'aristocratie de naissance à l'aristocratie terrienne, de celle-ci à l'aristocratie d'argent et à la démocratie, a fait apparaître successivement les familles nobles et plébéiennes, puis les propriétaires et les non-propriétaires, les travailleurs libres et les esclaves, puis, à côté des propriétaires fonciers, les capitalistes, les commerçants, les industriels, les bourgeois et les prolétaires, les professions urbaines et rurales, les patrons et les ouvriers.

PREMIÈRE PARTIE

Au point de vue purement économique, à mesure que s'étend la circulation des biens et des personnes, que les stades de l'organisation, de la production se succèdent, que l'économie familiale se transforme, comme le montre Bücher [5], en économie urbaine et en économie nationale, pour aboutir à notre organisation économique internationale ou mondiale, la différenciation progresse également ; elle se fait entre les producteurs, les consommateurs, les entrepreneurs capitalistes et les intermédiaires ; elle engendre des classes professionnelles économiques indépendantes les unes des autres, avec une spécialisation toujours accrue des métiers et des entreprises. Nous nous éloignons chaque jour davantage de l'idéal collectiviste. Jamais encore la libre classification des aptitudes n'a été aussi complète et l'aspect de la société économique aussi varié : non seulement les classes ouvrières sont réparties et strictement spécialisées par métiers ou professions, mais, dans un même métier, il y a des subdivisions à l'infini d'après la nature des mouvements et des opérations. (P. E., 18 opérations distinctes avec 18 catégories d'ouvriers pour la confection des épingles ; 70 opérations distinctes pour la confection des cartes à jouer ; 1662 opérations successives ! pour la fabrication de la montre « Oméga » [6].)

Non seulement la classe des entrepreneurs se spécialise de plus en plus d'après les industries mais chaque industrie se subdivise en spécialités nombreuses. (P. E., l'horlogerie en 102 métiers, la métallurgie en 1 000 métiers [7].) Et Bernstein signale la progression constante des petites entreprises [8].

Non seulement la multiplication des besoins sociaux multiplie les fonctions et les compétences spéciales, mais cette différenciation progressive se marque même dans l'ordre intellectuel ; les savants se spécialisent ; ils se cantonnent dans des domaines restreints ; voyez, pour prendre encore un exemple courant, la médecine, jadis générale, suivre cette pente et fournir des spécialistes pour les femmes, pour les enfants, pour les maladies mentales et nerveuses, pour la poitrine, la gorge et les différents organes. En un mot, la loi de spécialisation est générale, et nous la retrouvons dans toutes les directions.

Encore une fois, je n'examine pas ici ce qu'il peut y avoir d'excessif dans cette différenciation croissante, ni quels remèdes et quels contre-poids il faut y opposer. Je signale une situation ; elle est l'antithèse de la concentration collectiviste. Et il faut, avec Schmoller, reconnaître que, seule, cette tendance individualisatrice a permis la culture supérieure de l'humanité ; grâce à elle, l'éducation morale, intellectuelle, esthétique, juridique, économique, a pu être distribuée à un nombre d'hommes toujours plus grand ; grâce à elle, les merveilles de l'esthétique ont pu s'épanouir à côté des merveilles de la technique, et, sans elle, la civilisation eût été enrayée.

Enfin, à la base de l'évolution des États et des classes sociales, il y a comme cause primordiale la différenciation des individus, c'est-à-dire l'inégalité d'êtres ayant chacun sa personnalité : la personnalité et l'inégalité sont les deux grands mystères qui planent sur le monde, dominent le développement de l'humanité et lui impriment sa direction.

Rousseau, le plus éloquent des adversaires de l'inégalité, est obligé lui-même de reconnaître son caractère inéluctable et originel [9]. Et l'inégalité des hommes n'est pas une doctrine politique, c'est une loi vérifiée par la science. Aussi loin que la biologie peut remonter vers la source de l'humanité, elle constate l'inégalité des hommes : l'homme est un composé de plusieurs trillions de cellules et la cellule elle-même semble constituée d'un très grand nombre de petites masses, phénomènes ultimes de l'individualité [10]. Une individualité vivante résulte d'une complexité inouïe d'éléments chimiques, physiques, psychiques. Nous ne connaissons pas l'*Individu*, mais des individus ayant chacun des tissus, des muscles, des nerfs, des cartilages différents, des dispositions physiques, morales, intellectuelles, différentes.

La combinaison des innombrables éléments dont est formé un être vivant ne se répétant jamais dans des conditions identiques, il est naturel qu'il n'y ait pas deux êtres vivants identiques.

Dans la collectivité la plus homogène que l'on connaisse, dans la communauté familiale des premiers jours, où l'individu comme tel est si peu de chose, où l'organisme collectif est si condensé, il y a déjà, dans la participation des membres de la communauté à la vie sociale, une certaine différenciation individuelle, résultat tout au moins de l'âge, du sexe, des forces et, par conséquent, une certaine adaptation de l'individu à son milieu et à son but.

Avec l'accroissement de la population, l'extension du territoire, la multiplication des besoins, s'accroît la diversité des intérêts, des désirs, des facultés. Les uns travaillent, produisent, épargnent, consomment plus ou moins que les autres, ont plus ou moins d'esprit de conduite, plus ou moins de chance, et les situations deviennent inégales. Mais ce qui contribue surtout à l'inégalité c'est la nécessité, les richesses restant limitées, de pourvoir à l'existence de familles toujours plus nombreuses, auxquelles s'ajoutent sans cesse des familles nouvelles. Dans une jeune démocratie agricole où la fertilité du sol, la place disponible, la beauté du ciel, la douceur du climat procurent une vie facile, il n'y a pas beaucoup de différenciations individuelles, parce qu'il n'y a pas beaucoup de complications sociales ; mais quand à la simplicité succèdent les difficultés de la lutte pour l'existence, quand, au lieu de circuler et de respirer à l'aise dans de libres espaces où l'on rencontre des compagnons, on doit se faire une place au soleil en même temps que des concurrents poussés par des nécessités identiques, il faut que chacun cherche une voie conforme aux aptitudes dont il est doué ; la concurrence surexcite la spécialisation ; et l'adaptation de tous les individus à l'infinie variété des milieux et des buts progresse graduellement.

Tel est l'obstacle redoutable et permanent qu'à travers toute l'histoire, et malgré tous les efforts contraires, la nature oppose au socialisme égalitaire et niveleur.

Le monde est une évolution incessante par croissance et différenciation. Il y a dans l'homme un élément social et un élément individuel. L'élément social prédomine dans les stades inférieurs de la civilisation, l'élément individuel dans les stades avancés. L'individu est d'autant plus effacé que la communauté est moins importante. Il se détache d'autant plus en relief avec ses qualités ou ses défauts que le groupe a plus d'extension [11]. Encore aujourd'hui, les individualités ne sont-elles pas bien moins tranchées dans un village congolais que dans un village brabançon, dans celui-ci que dans une petite ville, et dans une petite ville que dans une capitale ?

La montée du monde primitif au monde actuel est la montée de la médiocrité à l'expansion de l'individu. Voilà pourquoi aux époques reculées il n'y a que des nuances entre les actifs et les fainéants, les capables et les incapables, les criminels et les moraux, les riches et les pauvres. Les vices primitifs sont moins marqués parce que les vertus primitives sont moins éclatantes. Au contraire, aux époques de civilisation, de vraies différences qualitatives et quantitatives, et non plus, simplement, des nuances, séparent les supérieurs des inférieurs, les ignorants des instruits, l'élite du rebut. La distance s'élargit à mesure que l'organisme entier est contenu dans des limites moins étroites.

Sparte nous fournit l'exemple d'un petit groupe social fortement concentré ; la concentration l'emporte ; elle étouffe l'individualité ; elle assure le triomphe de la médiocrité. La cité athénienne, plus ouverte, plus étendue, est plus complexe ; elle laisse plus de champ à la différenciation, et la démocratie libérale de Périclès est une brillante floraison d'individualités.

Dans cet ordre d'idées, la Rome des premiers jours, petite communauté de rudes paysans, est une collectivité d'une originalité puissante, mais elle laisse peu de place à l'originalité individuelle. La Rome impériale et cosmopolite est une agrégation de races, de sectes, de confessions, de philosophies, où le sentiment national se dissout, où la cohésion nationale s'évanouit devant le déchaînement de l'individualité.

Que l'on songe à la Renaissance italienne, ou que nous regardions les aspects suggestifs de notre civilisation mondiale, et nous constatons le parallélisme entre l'expansion extrême des collectivités élargies et l'épanouissement le plus complet et le plus différencié de l'individualité. Ce ne sont que contrastes, oppositions de couleur, jeux d'ombre et de lumière, variété d'opinions, de conditions. D'une part l'originalité, la fantaisie, les écarts d'une imagination sans mesure et d'un esprit révolutionnaire sans frein ; d'autre part, l'esprit de tradition, le respect de la coutume, les préjugés étroits et le conservatisme outrancier. A côté des splendeurs de l'art, des prodiges de la science, des merveilles de la charité, des plus hautes qualités intellectuelles et morales, on voit la misère, le crime, l'ignorance, le débordement des passions égoïstes, du vice et de l'oisiveté.

Et si nous envisageons spécialement le point de vue économique, aussitôt apparaît l'incroyable profusion des tons dont, semblable à un pinceau magique, l'inégalité dans l'adaptation de l'individu au milieu revêt la société. Cela n'a rien de neuf, cela est inhérent à toute grande civilisation ; mais jamais cela n'a été aussi évident que de nos jours.

Nous voyons se dérouler sous nos yeux les innombrable formes de la production, de l'échange, de la circulation : entreprises publiques ou privées, industrielles, commerciales, agricoles, depuis les colossales usines, les gigantesques manufactures jusqu'aux industries à domicile, aux ateliers familiaux, au travail isolé ; depuis les grandes banques internationales jusqu'au réduit du prêteur sur gage ; depuis les vastes exploitations agricoles de l'Australasie jusqu'aux cultures moyennes et parcellaires ; depuis les bazars universels jusqu'aux échoppes en plein vent. Nous voyons défiler aussi dans un mouvement perpétuel de va-et-vient, avec un rythme incessant de bascule qui fait monter les uns et descendre les autres, des millions d'êtres différents par leur structure externe et interne, leurs tendances et leurs passions, leurs intérêts et leurs besoins, depuis le milliardaire organisateur de trusts mondiaux jusqu'au colporteur touchant au mendiant : capitalistes, propriétaires, industriels aux revenus les plus variés, patrons grands et petits, qui s'enrichissent, végètent ou se ruinent ; employés de toute catégorie dont les traitements s'élèvent jusqu'à la richesse et s'abaissent jusqu'à la gêne ; ouvriers dont les uns connaissent les hauts salaires et l'épargne, les autres les salaires moyens et l'équilibre du budget, d'autres encore des salaires inférieurs aux besoins. Si bien qu'au sein même du prolétariat, nous rencontrons une distinction entre supérieurs et inférieurs, des préjugés de condition et le sentiment de l'inégalité. Et il n'est pas jusqu'aux mendiants et aux délinquants, qui n'aient entre eux des différences sociales, puisqu'il y a des invalides, des incapables, des malheureux dignes d'assistance et des rebelles au travail qui appellent la sévérité ; des délinquants passionnels ou d'accident qui méritent l'indulgence et des délinquants professionnels, qu'il faut traiter avec rigueur ; et ainsi, tout à fait au bas de l'échelle sociale et dans les rangs les plus infimes de l'humanité, l'individualisation du régime s'impose, et le désir des uns d'être plus considérés que les autres se fait jour, même dans ces bas-fonds.

Et ces millions d'unités dissemblables qui circulent, s'arrêtent, essaiment, se recueillent, se dispersent, se concentrent, se recherchent et se groupent, ou s'éloignent et se séparent, qui, en un mot, se combinent de tant de façons d'après les circonstances objectives, du lieu et de l'heure, font une société vivante, comme les millions de cellules circulant dans l'organisme humain font l'être vivant.

On peut, avec les utopistes de tous tes temps, placer dans un passé reculé, ou dans un avenir lointain, l'idylle du repos enchanteur, de la sérénité des âmes, de la modération du désir, le règne du bonheur égalitaire. On peut soutenir que l'idéal est dans le ralentissement de notre activité excessive. On doit reconnaître que cette activité entraîne des maux dont il faut se préoccuper sans cesse pour essayer de les guérir. Une chose est certaine : les sociétés en marche manifestent leur développement par la différenciation croissante des organes et des individus. Ces témoignages de la vie ne cessent qu'avec la vie elle-même. La contrainte ici est stérile ou nuisible.

L'on est parfois obligé d'entourer les membres d'enfants dégénérés et incapables de se soutenir, d'une armature d'acier qui leur donne l'illusion de la force sans leur en rendre une parcelle. Mais, si l'on s'avisait d'en revêtir un être sain et vigoureux, on comprimerait son activité et l'on tarirait en lui les sources de la santé.

De même, quand, pour s'opposer à la différenciation et à l'inégalité, on enveloppe une société d'un étroit réseau de lois de police, si elle les supporte, elle prouve sa décrépitude ; si elle est jeune et bien portante, elle s'en délivre ou périt.

A ce point de vue, le vêtement moderne étriqué, qui recouvre de ses lignes conventionnelles l'harmonieuse noblesse du corps humain, crée, au profit des difformités, une égalité funeste à la beauté naturelle. Le collectivisme serait, lui aussi, le tyran de la vie naturelle ; il établirait, au détriment des supériorités et en faveur des médiocres, une égalité artificielle et mensongère.

II. — LA TENDANCE COLLECTIVISTE ET LA COMPLEXITÉ DE LA VIE SOCIALE

L'adaptation d'individus inégaux à des milieux différents, voilà donc le procédé d'évolution que l'on rencontre d'une façon constante dans la société comme dans la nature.

PREMIÈRE PARTIE

Et l'analogie peut encore être poussée plus avant ; car, des deux côtés, il est vrai de dire que l'adaptation n'est pas toujours synonyme de progrès.

Dans la nature, la survie des plus aptes est parfois la preuve de leur supériorité, parfois aussi, elle est simplement le résultat de leur persistance dans des conditions spéciales qui leur sont favorables ; et l'on ne peut affirmer d'avance qu'une espèce douée de plus de qualités qu'une autre espèce l'emportera sur celle-ci. C'est ainsi que, dans la Virginie, les cochons noirs l'emportent sur les cochons blancs, uniquement à cause de la présence du *Lachnantes*, plante qui tue le cochon blanc. C'est ainsi que dans le Massachusetts le mouton « Ancons » a éliminé les autres espèces parce qu'il a des jambes courtes et incurvées qui, l'empêchant de sauter par-dessus les haies, ont permis de mieux le conserver. Ce ne sont pas les meilleurs qui nécessairement triomphent, mais ceux qui dans des circonstances déterminées, dues parfois au hasard, s'adaptent le mieux [12].

La société nous offre le même phénomène ; parfois la marche des choses est normale et les individus adonnés au travail le plus méthodique et le plus régulier, et doués de la plus grande somme d'énergie physique, intellectuelle et morale, l'emportent. Mais, parfois aussi, il en est autrement : on en voit qui profitent du hasard : climat, fertilité naturelle du sol, situation exceptionnelle, transmission d'un héritage, protection de l'autorité, etc., et si, dans le monde organique, des formes très inférieures, par exemple des monères à noyau subsistent simplement parce qu'elles ont trouvé un milieu d'adaptation, dans la société, il y a des individus inférieurs qui se maintiennent uniquement à raison de conditions d'existence privilégiée, faute desquelles ils disparaîtraient.

Mais ici s'arrête l'analogie, et pour le surplus, il y a des différences fondamentales entre les procédés de la nature et ceux des sociétés humaines.

Dans la nature, il y a sélection et élimination : c'est-à-dire que la survie des plus aptes et des mieux armés, pour une situation donnée, implique l'élimination des moins aptes et des moins bien armés, pour cette situation. Dans la société, au contraire, la sélection, le triomphe des plus aptes, n'entraîne pas nécessairement l'élimination des moins aptes, et à mesure que la civilisation et la culture progressent, il y a plus de chances et plus d'occasions pour tous de trouver des modes d'adaptation et d'existence. A côté d'une loi de continuité historique, une loi de survivance des formes anciennes apparaît. En premier lieu, dans une société cultivée, se développe un esprit de solidarité et de charité bien éloigné des sentiments moins altruistes des groupes incultes qui, plus près de la nature, en subissent plus directement la cruauté. Chez ces groupes, on ne s'occupe pas des inutiles et des incapables, et on les laisse mourir quand on ne va pas jusqu'à s'en débarrasser.

A mesure que les âmes s'affinent, la philanthropie tempère la brutalité de la sélection ; on cherche à conserver les inaptes. Les malades, les dégénérés, les rachitiques, les vieillards infirmes, les aveugles, les sourds-muets, les estropiés, les idiots, les arriérés, les anormaux, les aliénés, les vagabonds, les criminels, jadis abandonnés ou éliminés, sont recueillis ; on crée pour eux des hôpitaux, des hospices, des asiles, des prisons, des colonies agricoles, des refuges. Dans la mesure du possible, on leur donne du travail. On les conserve, non seulement parce qu'on devient plus humain, mais parce qu'il devient plus facile d'être humain. Jadis, il y avait au sentiment de protection, de pitié, de fraternité un obstacle sérieux : l'étroitesse de la sphère d'activité et la limitation des richesses naturelles. Aujourd'hui, il y a un stimulant de la générosité : c'est, dans une civilisation qui s'étend et dont le mécanisme se perfectionne et l'outillage s'enrichit, une variété croissante des conditions d'existence et une possibilité croissante de procurer, même à des êtres inférieurs, des conditions inférieures d'adaptation.

En second lieu, et telle est la cause de cette variété croissante, une civilisation, en s'élargissant ainsi, donne naissance à des formes et à des types économiques et sociaux nouveaux, sans pour cela supprimer les formes et les types anciens. Si bien que si tantôt tel type prédomine et tantôt tel autre, tous coexistent cependant : il n'y a plus élimination, mais juxtaposition, addition et complexité. Cette complexité s'étend aux modes d'existence des groupes et des individus comme à toutes les sphères de l'activité humaine et à tous les aspects de la civilisation. Il en résulte, pour notre société, une souplesse de structure, une flexibilité des ressorts de la vie, une rapidité et une liberté de mouvements, une intensité dans les communications, dans l'entremêlement des liens sociaux et dans le contact et la pénétration des classes, dont l'organisation de l'Inde, de la Grèce, de Rome ou de notre ancien régime n'a jamais fourni l'exemple.

Si nous considérons, un instant, le monde économique, nous voyons immédiatement cette richesse et cette profusion des formes de la production. L'épanouissement des formes nouvelles vient s'ajouter à la survivance des formes anciennes. Bücher nous montre [13], dans leur succession historique, l'économie domestique ou familiale, l'économie urbaine, l'économie nationale. Et actuellement nous assistons à la naissance de l'économie internationale ou mondiale. Or celle-ci n'a pas anéanti les autres systèmes de production et d'exploitation, tous parviennent à se faire une place au soleil ; les cercles concentriques sont toujours plus larges ; les cercles plus étroits ne s'effacent pas.

Cela est bien naturel, car chez les hommes réunis en société, de nouveaux désirs et de nouveaux besoins venant toujours s'ajouter aux anciens, de nouveaux moyens d'y satisfaire apparaissent sans détruire les précédents. La grande industrie est adaptée aux besoins mondiaux, mais les besoins locaux subsistent, et dès lors l'extension de l'industrie n'empêche pas la survivance de la petite industrie locale. Les usines géantes comme celles de Krupp ou de Cockerill, du Creusot ou de Pittsbourg envoient leurs produits dans toutes les parties du monde. Or, en même temps, dans tel village isolé des Ardennes, la famille travaille pour sa consommation personnelle et conserve le type de l'économie domestique primitive. En Norvège, le paysan construit sa maison, fabrique son chariot, son traîneau, ses outils, tanne son cuir ; en Galicie, en Bukovine, dans certaines parties de la Russie méridionale, de la Hongrie, de la Transylvanie, de la Roumanie, le même système de production pour l'usage survit parce qu'il répond à une utilité et est adapté aux besoins du milieu [14].

L'usine, la fabrique, la manufacture produisent ce qui ne pourrait être produit autrement ; elles triomphent quand les prodiges de l'outillage mécanique, la concentration des hommes, des engins, des capitaux, et tous les avantages, et tous les inconvénients de cette concentration sont nécessaires, soit pour lutter sur le marché

Adolphe Prins

universel, soit pour obtenir le bon marché, la quantité, la rapidité (comme dans certaines industries textiles), soit pour répondre par un machinisme puissant et coûteux aux difficultés de l'exploitation (comme dans les mines).

La petite industrie à domicile, l'atelier domestique, le métier individuel, avec l'autonomie familiale, avec la dissémination des forces productrices, avec les avantages et les inconvénients de cette dissémination, répondent, à leur tour, à des besoins particuliers : ils persistent quand les conditions d'adaptation restent favorables, notamment à la campagne, et alors ils se combinent parfois avec la petite culture ; ils se maintiennent pour les produits de luxe exigeant la délicatesse du travail à la main, ou quand la nature du produit usuel est telle qu'elle demande pour le moins autant de travail humain que de travail mécanique, ou qu'il s'agit de satisfaire à la clientèle locale ou de voisinage, ou que la façon de livrer le produit exige des relations directes et permanentes entre les producteurs et les consommateurs. Telle est la raison d'être des cordonniers, des tailleurs, des bouchers, des boulangers, des menuisiers, des maçons, des barbiers, des photographes, des tapissiers, des horticulteurs, de l'interminable série des petites professions autonomes que les inventions, le bien-être, la richesse font naître par milliers et détachent sans cesse des branches essentielles de la production. Leur spécialisation suit la spécialisation des besoins. Et Bücher [15], Bernstein [16], Leroy-Beau lieu [17] montrent, par des chiffres irréfutables, leur progression croissante, reflet des efforts de la petite classe moyenne pour s'adapter, se maintenir et se développer.

Le phénomène est très apparent en Belgique : le recensement général des industries et des métiers établit qu'il y a en Belgique plus de 300 000 entreprises relevant de la très petite et de la petite industrie ; si l'on y ajoute les petits commerçants, détaillants, boutiquiers, colporteurs, on arrive à un formidable chiffre de citoyens constituant les éléments de la petite et de la très petite bourgeoisie se recrutant dans le prolétariat en train de s'élever par l'ordre, l'économie et le travail [18].

Il résulte également de ce recensement que l'industrie à domicile occupe plus du sixième de la population proprement dite, et que la fabrication à la main se maintient à côté du machinisme, même dans les industries où la prédominance du procédé mécanique paraît incontestable. C'est ainsi qu'il y a plus de 25 700 tisserands travaillant au métier à bras contre 23 500 travaillant au métier mécanique.

Or le métier local ou usuel suppose l'habileté, l'intelligence, l'initiative individuelle ; il entretient une légion de petits patrons, d'artisans, de commerçants travaillant seuls ou avec les membres de leurs familles ou avec quelques auxiliaires. Parfois aussi, ces petits patrons fournissent de l'ouvrage à des ouvriers qui, à leur tour, sont tantôt isolés, tantôt aidés de membres de la famille. Et cette nombreuse classe de producteurs qui est une des garanties de l'équilibre social, puisqu'elle assure par en bas le recrutement de la classe moyenne dont Aristote a dit qu'elle est indispensable à la prospérité des nations, s'affirme à côté des entreprises capitalistes les plus monopolisées. La civilisation économique s'exprime ainsi dans toutes les directions : elle favorise la production en grand comme la production en petit, elle implique d'une part la formation de puissants organismes capitalistes fonctionnant pour un bénéfice impersonnel et à longue échéance, d'autre part, la constitution d'ateliers de famille où l'on travaille pour la petite épargne quotidienne [19].

Et la science appliquée à l'industrie montre la même souplesse et la même variété d'action et de résultats : en perfectionnant les procédés de fabrication, en permettant, avec la construction de formidables machines, la concentration, dans une même usine de formidables masses ouvrières, elle met en même temps des moyens d'action à la disposition d'individus isolés. Une grande entreprise capitaliste d'électricité peut distribuer de la force motrice à des ouvriers travaillant au foyer domestique, comme à d'autres entreprises capitalistes produisant en grand. — N'essaie-t-on pas, en ce moment, en Suisse, dans l'industrie horlogère, à Lyon dans le tissage de la soie, à Saint-Etienne dans la rubannerie de reconstituer le travail domestique, par la distribution de l'électricité à domicile ? Cette distribution de force motrice est donc aussi bien un facteur de décentralisation et d'individualisation que de centralisation et d'épargne de force.

Rien ne serait plus faux et plus conventionnel que de comparer les deux procédés et de vouloir établir la supériorité de l'un de ces

Adolphe Prins

régimes sur l'autre.

L'évolution de la société économique n'est pas l'œuvre factice du législateur. Elle est à chaque instant ce qu'elle peut être dans des conditions déterminées ; la cause de ces conditions nous échappe parfois, leur résultat ne nous échappe pas : nous voyons dans sa réalisation effective le procédé qui approprie la variété des forces économiques à la variété des buts économiques. Tout dépend de la nature, soit du produit, soit des instruments nécessaires à sa production, soit des consommateurs qui l'emploient. Certaines entreprises exigent une production à caractère collectif et mécanique et réduisent l'effort personnel, tandis que d'autres entraînent la réduction de l'effort collectif, laissant du champ à l'initiative individuelle. Et dans une entreprise déterminée, à côté d'opérations qui réclament l'association et la combinaison des mouvements, il en est qui ont pour résultat leur séparation, leur division.

La division du travail n'est pas plus, à ce point de vue, l'idéal rêvé par Adam Smith, et d'où doit sortir l'harmonie des intérêts, que le fléau maudit par Marx ; elle est une des formes variables de l'activité des hommes, et jamais ni cette forme, ni son contraire, la fusion des forces, ne s'empare de tout le domaine de la production pour supprimer l'autre.

Un phénomène identique se manifeste partout où il y a de l'énergie à dépenser :

Les magnifiques transatlantiques qui sillonnent les mers n'ont pas supprimé les bateaux à voile et, si l'on pouvait embrasser l'Océan d'un coup d'œil, on admirerait l'infinie diversité des modes de locomotion par eau qui, depuis les plus frêles embarcations jusqu'aux plus terribles vaisseaux de guerre, sont sortis du premier tronc d'arbre évidé, servant de canot.

La traction à vapeur et à électricité n'a pas aboli l'ancien roulage sur les routes et, en parcourant les continents, on voit dans l'espace l'emploi simultané de tous les moyens de transport qui se sont succédé dans le temps, depuis le transport à des d'hommes ou par bêtes de somme, les charrettes à bras, les véhicules de toute catégorie jusqu'aux automobiles.

L'éclairage électrique, malgré sa supériorité, n'a pas acquis de monopole ; il n'a détrôné ni le gaz, ni le pétrole, ni l'huile, ni la bougie, ni la torche ; il y a eu déplacement et déclassement dans l'usage des différents procédés, non pas disparition ; l'on apercevra un quinquet de l'ancien régime à côté d'une lampe à esprit-de-vin, dans un hôtel étincelant de lumière électrique, comme une mèche fumeuse dans la demeure modeste d'un paysan qu'éclaire du dehors un réverbère à gaz.

Quel énorme chemin parcouru depuis l'ouvrier isolé du début du XIXe siècle jusqu'aux manufactures actuelles ! Et pourtant les métiers perfectionnés qui, en Angleterre, obtiennent d'un demi-million d'hommes des résultats équivalents à celui de 100 millions de tisserands travaillant isolément ; les puissantes perforatrices creusant en quelques années à travers les Alpes des tunnels que des légions d'ouvriers ne perceraient pas en travaillant leur vie entière, ne suppriment aucun des instruments et des outils, marteau, pioche ou foret dont l'homme s'est toujours servi pour prolonger les mouvements de ses muscles. — D'ailleurs ne faut-il pas d'autant plus d'aiguilles à coudre que l'on fabrique plus d'étoffes et de toile ; ne faut-il pas pour casser les pierres d'autant plus de marteaux que l'on crée plus de routes ?

C'est un fait d'expérience constante qu'une société qui croît en civilisation provoque des phénomènes nouveaux et de nouvelles conditions sociales ; qu'elle engendre avec une différenciation graduelle des possibilités nombreuses d'adaptation pour les individus et les groupes, pour les fonctions et les choses. — Une société complexe fournit aux individus plus de situations qu'une société simpliste. Ces situations, toutefois, sont inégales et loin de marcher vers le nivellement et la concentration, nous nous en éloignons

Dans l'agriculture comme dans l'industrie, notre société offre une variété absolue d'aspects et une liberté absolue de systèmes : elle admet côte à côte la grande, la moyenne, la petite propriété capitaliste, le domaine de l'Etat, les biens communaux, le faire-valoir direct familial, et ainsi de suite.

Un voyageur verrait, en faisant le tour du monde, se dérouler la succession des types d'économie agricole, depuis les petites cultures domestiques de la Bukovine jusqu'aux grands domaines prospères

Adolphe Prins

de l'Etat australasien, jusqu'aux misérables latifundia de Sicile où grands seigneurs et ouvriers à la fois pratiquent l'absentéisme.

Il constaterait que tout dépend du sol, du climat, des qualités morales et physiques des habitants ; de l'importance des sacrifices à faire pour l'outillage ; des ressources dont on dispose, du degré de facilité du transport des produits, des efforts qu'impose la concurrence, comme de la densité de la population. Il se dirait que, pour niveler les inégalités, il ne suffirait pas d'une bureaucratie collectiviste contrôlant le travail, ni de l'unification des conditions d'exploitation ; il faudrait unifier partout la chaleur du soleil, la fertilité des régions, l'intensité des désirs et des besoins ; et, alors encore, rien ne serait fait, si on ne limitait pas la croissance de la population.

A aucune époque et dans aucun pays, le régime agricole ne peut donc revêtir d'empreinte uniforme, et refléter le dogmatisme simpliste des théoriciens. Le régime le plus individualiste connaît des biens communaux. Le régime le plus communiste, tel le mir, connaît la propriété individuelle, tout chef de famille y étant propriétaire de sa maison et de son jardin.

Ce sont les circonstances objectives qui font prédominer tel ou tel principe. Prenons, dans la France des premiers siècles, l'Anjou ou la Provence ensoleillée, ou dans la Suisse moderne, certains cantons agricoles ; il s'y manifeste une tendance à la petite culture égalitaire, non pas qu'il y ait là un système démocratique ou communautaire imposé par le législateur pour obtenir l'égalité, mais parce qu'il y existe un état social réunissant les conditions favorables à la petite culture égalitaire : c'est-à-dire une vie patriarcale et simple ; un climat doux, la variété et l'abondance des productions, la facilité de récolter et de garantir à chacun sa subsistance ; ou bien encore l'énergie du caractère, la frugalité des habitudes, la placidité des désirs.

Prenons au contraire à partir du VIe siècle, sur certains plateaux du centre et du midi de la France, les régions incultes et boisées dont le défrichement rencontrait des difficultés et exigeait beaucoup d'hommes et de moyens d'exécution. La grande culture s'imposait, les grands propriétaires ont été indispensables ; et là où les cultivateurs parcellaires eussent été impuissants, les Gallo-

Romains avec leurs esclaves, les Visigoths avec leurs soldats, les Bénédictins avec leurs moines, les seigneurs avec leurs métayers ont transformé et fécondé le sol de la France [20].

De nos jours, nous assistons, et surtout dans nos régions, à une crise de la petite propriété paysanne : sous l'action du Code civil qui décime les parcelles et les rend insuffisantes pour vivre, de la fascination exercée par l'industrie qui dépeuple les campagnes, des assauts des produits étrangers qui rendent la lutte difficile et onéreuse, il y a un progrès de la grande propriété capitaliste, un recul de la petite culture personnelle. Mais celle-ci qui, pour résister, fait des efforts, ne disparaît pas. Domaines de l'État, des communes, des associations, des individus, grandes exploitations et lopins de terre, coopératives et syndicats agricoles, toi est le spectacle que nous offre l'agriculture ; celle-ci ne révèle pas, plus que les autres branches de l'activité, une tendance vers un mode unique de production contrôlé par l'autorité. Et ici comme partout, les prophéties marxistes sont démenties par les faits. En résume, toutes ces forces diverses et ces rythmes divers qui s'entre-croisent, toutes ces vibrations diverses qui se confondent comme les forces, les rythmes et les. vibrations de la mer, sont les éléments qui donnent au monde sa grandeur, sa beauté, sa sonorité profonde. C'est ce que pensait Aristote quand, repoussant l'unité absolue de l'Etat rêvée par Platon, il écrivait que l'on ne fait pas un accord avec un seul son, et que l'harmonie résulte de la combinaison de tons variés [21]. C'est ce que pensait aussi Montesquieu, disant que « la vraie union dans un corps politique est une union d'harmonie qui fait que toutes les parties, quelque opposées qu'elles nous paraissent, concourent au bien général de la société, comme des dissonances dans la musique concourent à l'accord total [22]. »

Une théorie dogmatique comme celle de Platon ou de Karl Marx, qui, au contraire, cherche l'harmonie dans la suppression des dissonances, l'équilibre dans la suppression du mouvement aboutit à une sorte d'unité mécanique [23]qui n'a plus rien de commun avec la vie et la réalité.

Adolphe Prins

III. — LA TENDANCE COLLECTIVISTE ET LES RAPPORTS DE L'INDIVIDU AVEC L'ETAT

Le socialisme collectiviste, qui se trouve arrêté sur sa route par une différenciation individuelle et une complexité sociale progressives, a-t-il au moins sa justification dans la nécessité d'une réaction de l'Etat contre l'individu ?

L'histoire sociale du XIXe siècle est l'histoire de l'antagonisme entre l'individu et l'Etat et d'une opposition irréductible entre les deux termes. Tandis qu'avec Benjamin Constant, Fourrier ou Proudhon, Spencer, J.-B. Say, Macaulay ou Jules Simon, toute puissance accordée à l'Etat entrave la liberté et la destinée de l'individu ; au contraire, des penseurs tels que Carlyle, Louis Blanc, Comte, Marx, Lassalle considèrent l'épanouissement de l'individu comme un obstacle au règne de la justice sociale. L'antithèse est complète ; les uns aboutissent à la tyrannie de l'Etat, les autres à son abstention. Et, comme le dit Henry Michel, l'on pousse à l'extrême le dualisme entre la psychologie qui restaure la conscience personnelle et le moi, et la physiologie qui restaure l'organisme social et l'Etat [24].

C'est ainsi que, devant l'école libérale poursuivant la réalisation du bonheur par l'individu et pour la société, s'est dressée l'école socialiste poursuivant cette réalisation pour l'individu et par la société, et une controverse passionnée s'est engagée sur le point de savoir si l'individu existe pour l'Etat et doit lui être sacrifié ou si l'Etat existe pour l'individu qui finira par le dissoudre.

A bien considérer les choses, une pareille controverse n'a pas de raison d'être :

On emploie le mot « individu » pour représenter plus spécialement les volontés particulières et distinctes dont se compose une société ; on emploie le mot « Etat » pour représenter l'ensemble de ces volontés et plus particulièrement la volonté collective servant d'organe aux intérêts généraux. Mais il y a, non un individu ou un Etat abstraits, il y a des millions d'individus différents, des multiples formes d'Etat, chacune extériorisée elle-même par des individus. Le but de la vie sociale est non le conflit de ces éléments, mais leur coexistence, leur groupement, leur coordination et la devise qui répond le mieux à cet idéal est : « Tous pour chacun,

chacun pour tous, » l'Etat ayant en vue le bien des individus, les individus ayant en vue le bien public [25].

La controverse entre les deux écoles est encore sans portée à un autre point de vue. Il n'existe pas de société simpliste construite exclusivement d'après l'idéal de Kant ou d'après l'idéal de Platon. Qu'elle soit fondée sur le droit de l'individu ou sur le droit de l'Etat, toujours son organisation comprend des éléments opposés à son principe essentiel ; jamais elle ne peut nier d'une façon absolue soit l'individu soit l'Etat. Les institutions humaines ne supportent pas leurs conséquences extrêmes. La constitution de Lycurgue ou l'impérialisme romain ne détruit pas plus l'individu que la démocratie libérale de Périclès ou la monarchie libérale anglaise n'anéantit l'Etat. Il entre autre chose que l'essor démesuré de l'individu dans la conception révolutionnaire de 1789 ; il entre autre chose que l'omnipotence du Prince, dans la conception du despotisme éclairé. La vérité, c'est que dans le régime le plus individualiste, s'inspirant le plus nettement de l'optimisme cartésien et exaltant avec le plus de passion l'individu, on ne saurait se passer de l'Etat, seulement on le combat et l'on cherche à réduire son action ; dans le régime le plus socialiste et s'inspirant le plus profondément du concept hégélien, exaltant avec le plus de passion la société, on ne peut se passer de l'individu, mais on reconnaît à la société des droits antérieurs et supérieurs à ceux de la personne et on cherche à diminuer le rôle de celle-ci.

Aujourd'hui, après tant d'expériences pratiques et tant de discussions théoriques, il est possible de montrer la vanité de ce conflit ; il apparaît clairement que l'Etat et l'individu sont non des rivaux et des ennemis, mais des collaborateurs et des auxiliaires, et que la force de l'un fait la force de l'autre.

Regardons autour de nous : le progrès de la civilisation, l'extension du territoire, de la population et des échanges, tout a contribué à provoquer l'accroissement des fonctions de l'Etat. Mais tout cela a dû nécessairement provoquer en même temps un développement parallèle des attributions de l'individu ; car des buts nouveaux offerts à l'activité des sociétés exigent des citoyens capables de les accomplir et dès lors l'enrichissement du mécanisme gouvernemental ne peut signifier qu'une mise en valeur plus étendue de la personnalité humaine.

Adolphe Prins

Une évolution régulière aboutit inévitablement à un tel résultat ; le perfectionnement des services publics n'est pas une cause, il est un effet ; il reflète l'intensité des efforts de tous comme l'outillage rudimentaire de la communauté primitive reflète la simplicité de l'état social. Or, le développement de l'activité sociale n'étant pas autre chose que le développement des activités individuelles, la simultanéité du développement de l'État et de l'individu est par excellence un fait naturel.

La multiplication des besoins et des rapports sociaux crée entre les hommes des liens trop entremêlés pour être abandonnés au hasard.

Il faut de l'ordre, de la méthode, de la régularité ; on ne se contente plus d'un gouvernement réduit à un minimum d'intervention et de dépense ; on ne peut plus, comme on le fait pour les organismes rudimentaires, confier les services publics à des citoyens capables de se charger indistinctement de toutes les fonctions. La législation, la justice, les cultes, l'administration, la défense, la sécurité, les finances, l'hygiène, les sciences, les arts, l'instruction, l'industrie, le commerce, l'agriculture, les transports, etc., sont désormais des intérêts distincts ; ils apparaissent chacun de plus en plus avec son caractère propre d'organisme spécial ; ils exigent chacun des ressources et des qualités particulières.

L'appareil de direction a donc beau se manifester en apparence comme instrument de socialisation, il a besoin d'aptitudes, de compétences, d'énergies morales et intellectuelles et, dès lors, il est en réalité une source de spécialisation et d'individualisation.

Voilà pourquoi une société cultivée, une grande cité réclamant plus de fortes individualités qu'une tribu patriarcale ou un village, fournit à ces individualités plus d'occasions d'adaptation et d'emploi. Voilà pourquoi, quand une communauté s'agrandit et s'élève, les manifestations de la vie sociale réagissant sur les manifestations de la vie individuelle, les personnalités s'affirment avec plus de force, leur champ d'action s'élargit et les inégalités augmentent.

Il se produit donc ici un fait capital dont il importe de préciser les conséquences : dans une société bien équilibrée, un agencement méthodique des rouages et des organismes de l'Etat n'a des avantages que dans la mesure où il agit efficacement sur les œuvres de la liberté. Une extension des pouvoirs publics et des services publics n'est possible et utile que si elle a comme corollaire une extension des activités privées, et en ce sens tout domaine réservé à un service public offre une base à l'exercice des libertés individuelles.

Ainsi, pour donner des exemples, partout où existe un service public de transport par terre ou par eau, il stimule la libre circulation des hommes et des biens à travers le monde, et, en accélérant cette circulation, il stimule toutes les entreprises privées tendant au même but, s'y rapportant ou en profitant.

Partout où la politique mondiale a fait naître un régime public colonial, le gouvernement colonial, en assurant par des mesures générales la sécurité des débouchés, suscite les énergies privées ; quand il installe dans la colonie des fonctionnaires, il a en vue l'action libre des commerçants, des compagnies privées, et par voie de conséquence le travail libre de la mère patrie.

Partout où l'État organise un service d'instruction publique, il forme des hommes instruits et surexcite le besoin de s'instruire. N'est-ce pas pour cela que, même en Allemagne où l'autorité a tant d'empire sur l'enseignement, la liberté d'enseigner laissée aux individus et aux associations par la parole, la plume, les brochures, les livres, les conférences, a un rôle si considérable ?

Cette dualité essentielle des deux facteurs de l'histoire, le facteur individuel et le facteur collectif, le socialisme la néglige. Dédaignant l'initiative individuelle dont il voit surtout les défauts, il réserve sa sympathie particulière à l'État, représentant unique, à ses yeux, des intérêts généraux. Si depuis la Révolution française deux écoles sont de nouveau aux prises, discutant, comparant les mérites respectifs des services publics et des œuvres privées, comme si nous devions choisir et nous laisser englober dans l'une de ces deux formes, c'est que le socialisme considère l'organisation par l'Etat comme la forme supérieure dont il faut poursuivre la généralisation ; et il aboutit logiquement à remettre propriété, moyens de production et entreprises aux mains de l'Etat.

Or l'erreur fondamentale des partisans de la socialisation, ce n'est pas seulement d'opposer les créations de l'Etat à celles de la liberté ; ce n'est pas seulement de ne voir que les mérites des premières et les vices des secondes ; c'est surtout de méconnaître que, dans les deux cas, les œuvres valent exactement ce que valent les individualités placées à leur tête.

Attribuer les avantages d'une institution de l'Etat à son caractère public est absurde ; elle ne réussira que grâce à l'activité, aux facultés éminentes, au talent des dirigeants ; la seule condition de succès d'un service public réside dans l'initiative, les aptitudes personnelles de ceux qui lui impriment sa marche.

Attribuer d'ailleurs les avantages d'une entreprise particulière à la liberté, c'est se tromper tout aussi grossièrement : les résultats dépendent uniquement des qualités marquantes des chefs responsables.

Qu'il s'agisse d'un particulier, d'une société, d'une coopérative, d'un établissement de l'Etat, l'essentiel, c'est la supériorité des individus. Sans cette capacité personnelle, il ne reste du côté de l'Etat que la routine, la paperasserie, les gaspillages, les lenteurs, l'absence de responsabilité ; du côté des particuliers, que l'égoisme, la légèreté, l'imprévoyance, l'absence de solidarité.

Dans les deux cas, il faut des hommes, et la doctrine de la personnalité et de l'inégalité s'impose ainsi partout, même au socialisme. Il ne peut échapper au fait inéluctable, qu'à un surcroît de culture et de complexité sociales répond un surcroît de culture et de différenciation individuelles.

L'élite, dans nos sociétés contemporaines, a besoin de plus de qualités éminentes que l'élite des communautés patriarcales décrites par Homère où les fils des rois conduisaient les bœufs, traçaient les sillons, fauchaient les prés, aidaient à la construction de leurs demeures, tandis que Nausicaa, sur le rivage de l'île des Phéaciens, lavait le linge de la famille.

Malgré tout ce que l'on eût pu tenter alors pour favoriser l'essor de la personne libre, toujours le facteur social eût triomphé du facteur individuel et l'égalité serait restée le caractère prédominant.

Dans la civilisation moderne, les éléments sociaux supérieurs se séparent plus nettement des éléments moyens ; ils s'élèvent plus haut au-dessus de la masse dépositaire des traditions inférieures de l'humanité, ils s'orientent vers une plus grande somme de science, d'esprit d'invention, d'intelligence, de spontanéité, et tout ce que l'on imaginerait pour socialiser le monde n'empêcherait pas le facteur individuel de l'emporter sur le facteur social, la différenciation sur l'égalité.

Nous allons suivre l'application de ce principe dans l'évolution du capital.

NOTES

1.   E. Faguet, Revue des Deux Mondes, 1er janvier 1902, p. 161.

2.   Le Dantec, Revue de Paris, octobre 1901. Article sur Darwin, page 601 et s.

3.   Comte Goblet, Des causes qui ont amené la différenciation des Sociétés humaines. — Extrait du Bulletin de la Société royale belge de Géographie, 1902.

4.   Fr. Ratzel, Politische Geographie. Münich, 1897, p. 97 et suiv.

5.   Karl Bücher, Études d'histoire et d'économie politique, traduites par A. Hansay. Paris, Félix Alcan, 1901.

6.   Office du travail de Belgique, Les moteurs électriques dans les Industries à domicile. Dubois et Julin, Bruxelles, 1902, p. 279.

7.   Schmoller, Division du travail. Revue d'Économie politique, 1889, p. 537.

8.   Bernstein, Socialisme théorique. Paris, Stock, 1900.

9.   Rousseau, Discours sur l'origine de l'inégalité. Paris, 1856. Hachette, vol. I, p. 104 et p. 109. L'inégalité, qui était presque nulle dans l'état de nature, tire sa force et son accroissement du développement de nos facultés et des progrès de l'esprit humain... Celui qui chantait ou dansait le mieux, le plus fort, le plus adroit ou le plus éloquent, devint le plus considéré, et ce fut là le premier pas vers l'inégalité et vers le vice en même temps.

10.   Le Dantec, l'Unité dans l'Être vivant, Paris, Alcan, 1902, p. 263.

11.   G. Simmel, Uber sociale differenzierung. — Staats und

socialwissenschaftliche Forschungen de Schmoller. — 10e volume, 1re livraison. Leipzig, 1890, p. 49 à 55.

12.	Le Dantec, Article cité, p. 609 et suiv.

13.	Bücher (Livre cité), passim.

14.	Bücher. Livre cité, p. 123 et suivantes.

15.	Bücher, Études d'Histoire et d'Économie politique. Trad. Hansay. Paris, 1900.

16.	Bernstein, Socialisme théorique et Social-Démocratie pratique. Trad. Cohen. Paris, Stock, 1900.

17.	Leroy-Beaulieu, Traité d'Économie politique, vol. I, p. 469 et s.

18.	Recensement général publié par le ministère du Travail. Hayez, 1901. Bulletin du Comité, central du travail industriel. Bruxelles, Viselé, août 1901. Article de M. Waxweller.

19.	La diversité des industries est énorme dans les provinces belges. — Le recensement industriel cité plus haut relève 667 industries et métiers différents, expression de la libre variété des formes et des types économiques.

20.	Demolins, les Français d'aujourd'hui. Paris, Didot, p. 265 et s.

21.	Aristote, Politique. Trarl. Barthélémy Saint-Hilaire, II, ch. n, § 9. — Pohlman, Geschichte des antiken Communismus. Munich, 1893, II, 582.

22.	Montesquieu, Grandeur et Décadence des Romains. Hachette, 1856, II, p. 42

23.	Pohlman, Ouv. cité, I, p. 582.

24.	Henry Michel, l'Idée de l'État. Paris, Hachette, 1896, p. 364 et s.

25.	Ihering, Zweck im Recht Leipzig, 1884, vol. I, p. 560 et s.

SECONDE PARTIE [1]

IV. — LA TENDANCE COLLECTIVISTE ET LE CAPITAL

L'application du principe de différenciation à l'économie sociale proprement dite en est également la frappante justification. Elle nous montre dans l'amplitude de la vie économique et du mécanisme industriel un mouvement favorable à l'élévation de l'individu économique et évocateur de ses facultés et de son énergie.

Aux premiers temps de l'histoire, l'essor de l'individu économique a certes peu d'envergure ; il cherche à vivre et il se contente de vivre en produisant, quand la nécessité le presse, de la valeur d'usage pour sa consommation personnelle.

Peu à peu, il se met à produire pour les autres, d'abord pour le groupe social immédiat dont il fait partie, puis pour des groupes étrangers en relation de voisinage avec le sien, puis pour des consommateurs toujours plus éloignés de lui et qu'il ne connaît pas. La production pour l'usage devient la production pour l'échange, le travail domestique devient le travail de la fabrique, de la manufacture, de l'usine, et se hausse jusqu'à son stade international actuel, où le commerce de la seule Belgique représente 3 milliards et demi de francs, et où un producteur belge fabrique de la valeur d'échange pour le Congo, la Perse ou la Chine, tandis que du fond des Etats-Unis, un fabricant ou un cultivateur envoie des produits au consommateur du Brabant.

En même temps, la production prend la forme capitaliste et nous vivons désormais, et surtout depuis le XVIe siècle, sous le régime de l'entreprise capitaliste.

Or, les marxistes, qui reconnaissent que cette transformation a été graduelle et nécessaire, commettent une singulière erreur de dialectique : en présence des incontestables abus inhérents à notre état économique (comme d'ailleurs à tout état économique pris à un moment donné), ils conçoivent une théorie métaphysique du capital ; ils voient dans le capital une chose en soi, le condamnent comme la source des maux présents, lui attribuent une force destructive, et raisonnent comme si, en apercevant les vices d'une civilisation, nous en faisions remonter la responsabilité à l'Etat, en oubliant qu'un Etat est la conséquence et non la cause d'une évolution sociale.

Ce n'est pas le capital qui a créé le mode actuel de production économique pour se jeter comme un vampire sur le travail. Le capitalisme est l'aboutissement d'un lent processus historique qui a conduit du métier familial à l'usine. Le capital n'était rien dans l'industrie familiale ; il était peu de chose dans l'industrie de métier ; il s'est développé dans l'industrie urbaine et dans l'industrie nationale, pour prendre dans l'industrie internationale un prodigieux essor. Mais cette marche en avant était fatale, et le marxisme ne le nie pas.

Il y a eu un mode de production sans capital, quand il n'y avait ni échange, ni circulation, ni marché, quand le producteur isolé avec des outils rudimentaires qu'il façonne lui-même produit des biens qu'il emploie lui-même sur place. Or, dès que le producteur et le consommateur n'ont plus été confondus dans la même personne, que l'un s'est détaché et éloigné de l'autre et a produit, outre ce qu'il lui fallait pour lui, un excédent dont avait besoin un consommateur étranger, il y a eu des frais de production et de circulation ; la valeur d'échange a dû se différencier de l'objet produit, le capital du travail.

Cette différenciation s'est faite parce qu'elle était indispensable à la satisfaction des besoins nouveaux. Non seulement le travailleur isolé ne pouvait plus suffire à l'intensité de ces besoins, mais aux travailleurs agglomérés il fallait un outillage amélioré.

C'est grâce à la différenciation que le capital a pu être mis à la disposition du technicien, et le produit fabriqué là où les circonstances étaient favorables et avec les moyens les plus propres à produire vite et bien ; c'est grâce à elle que ce produit a pu être envoyé là où il était réclamé et où sa consommation était assurée. Sans le capital suivant de près l'accroissement de la population, la diversité des besoins, les progrès de la technique, il serait arrivé un moment où les producteurs eussent manqué de débouchés et les consommateurs de produits ; le monde eût été en proie à la misère et à la famine. Le capital s'est adapté aux conditions de la vie sociale, à la situation du marché économique, aux perfectionnements des

SECONDE PARTIE

forces de travail. L'on n'a pas vu tout à coup un capitaliste faire sortir du néant une fabrique ou un grand établissement industriel. La fabrique est un des anneaux de la longue chaîne qui nous relie au passé. Et si les hordes aux mœurs errantes, vivant au jour le jour, de cueillette, de chasse et de pêche, étaient inférieures au ménage domestique qui sous l'autorité du père de famille permettait déjà une certaine épargne d'aliments ; si celui-ci, à son tour, était moins organique que le métier corporatif favorable à l'acquisition de richesses locales ; si le système mercantile a réagi contre le particularisme économique et a stimulé le développement de la fortune nationale ; si, enfin, les cadres nationaux de l'ancien régime ont été brisés eux-mêmes et si, aujourd'hui, la politique coloniale, malgré la réaction passagère du protectionnisme, doit de plus en plus faire appel à toutes les énergies combinées du capital international, encore une fois la question se pose de savoir à quel moment il faudra briser la chaîne d'une tradition ininterrompue, retourner en arrière et arrêter le phénomène, en apparence si naturel et si logique, de la formation du capital ?

Sont-ce les souffrances de la société moderne qui devront nous décider à la suppression du capital ? Elles sont indéniables, mais le fleuve de la vie sociale coule avec une telle rapidité que déjà elles se transforment. Quand Marx les dépeignait, en stigmatisant la loi d'airain du salaire, l'appauvrissement des pauvres, l'enrichissement des riches, la concentration des fortunes, il assistait au tâtonnement inquiet d'industries naissantes ; des parvenus brutaux, d'un égoïsme effréné, ne songeaient qu'au profit, sans souci des effroyables misères qu'ils déchaînaient ; ils surmenaient et exploitaient les ouvriers impuissants comme des bêtes de somme, à côté desquelles les esclaves antiques et les serfs féodaux menaient une existence enviable. En ce moment, partout où l'industrie est prospère et forte, où, comme aux Etats-Unis et en Australie surtout, elle respire à l'aise et travaille en pleine sécurité, elle trouve dans sa sécurité même les moyens de guérison et les blessures se cicatrisent. Et voici que d'autres plaies apparaissent ; personne ne contestera la frénésie de la spéculation, les dilapidations des oisifs, les pertes causées par les constitutions de sociétés véreuses, les luttes douloureuses de la petite industrie et du petit commerce, les excès du *Sweating-System*, et, dans les civilisations qui commencent à vieillir, les excès de la concurrence.

Seulement le capital n'est pas plus tel capitaliste oisif, spéculateur ou criminel, que le travail n'est tel ouvrier alcoolique ou fainéant. Si l'existence même du capital est la cause de tous les maux, les collectivistes ont raison de vouloir le supprimer ; mais si l'emploi seul peut être abusif, si l'on peut s'en servir pour le bien comme pour le mal, comme on peut se servir d'un marteau pour enfoncer un clou à la bonne place ou pour assommer une victime, alors il ne faut pas s'en prendre au capital lui-même, et il serait aussi insensé, pour remédier aux abus du régime capitaliste, de détruire le capital, qu'il eût été insensé, de la part des peuplades errantes, de détruire les arcs et les flèches parce que des forts s'en servaient pour, tuer des faibles, ou, de la part des collectivités rurales de familles, de briser les charrues parce que la récolte de blé n'était pas toujours suffisante à l'entretien de tous les compagnons de la Marke.

Est-il d'ailleurs vrai de dire que le capital est devenu un instrument de despotisme, s'emparant de la fabrication et de l'écoulement des produits et asservissant la personne humaine ? Est-il vrai que le capital se dresse devant l'ouvrier sous la forme d'un monstrueux automate qui l'enveloppe et l'étouffe ?

Observons les faits, et le parallélisme que nous avons signalé entre la grandeur de l'individu et celle de l'Etat, nous le retrouvons dans les rapports de l'individu et du capital. Les supériorités individuelles trouvent d'autant plus de débouchés et de chances d'adaptation que le capital trouve plus d'occasions de s'employer. Pour les industriels, il semble superflu de le montrer ! Le capital nécessaire à la production transformée en entreprise a, pour la direction des entreprises, réclamé des énergies et des capacités, et il a donc suscité les volontés, les caractères et les talens.

Déjà le Colbertisme, aux fins de réaliser ses projets et de multiplier les manufactures, avait besoin de capitaux ; mais, en même temps, il lui fallait des hommes énergiques pour les mettre en œuvre, et sans le concours de fortes individualités, il eût été dans l'impossibilité d'aboutir.

A plus forte raison la grande industrie moderne a besoin d'intelligences d'élite. De nos jours, un industriel qui veut réussir doit tenir compte des exigences, des goûts, des caprices du

SECONDE PARTIE

consommateur, des éléments du marché économique, des risques à courir, des effets de la concurrence, des possibilités de grèves, des conditions matérielles et morales de la vie ouvrière, des progrès constants de la technique, des découvertes de la science. Il doit avoir de l'initiative, de l'audace, du coup d'œil, du calme, de la patience, du tact, de la fermeté. Et il n'est pas douteux que lorsqu'il réunit les qualités requises, il ne soit une personnalité éminente au même titre qu'un grand savant ou un grand capitaine. C'est soutenu par le capital qu'il concentre, simplifie, économise les frais de production, qu'il organise les forces de travail, qu'il cherche les débouchés, paie des voyageurs, des ingénieurs, des chimistes, des savants, qu'il perfectionne son outillage et ses procédés. Ainsi, à mesure que les exploitations capitalistes prospèrent, il leur faut plus de spécialistes de talent capables de les diriger, de les maintenir, de les améliorer.

Et quand je parle de cette élite, il importe peu, au point de vue où je me place ici, que le capitaliste lui-même dirige l'affaire, où qu'il paie des gérants, des directeurs, des ingénieurs, des explorateurs, des agents de toute nature, pendant que des actionnaires désœuvrés détachent leurs coupons et les dépensent dans les villes d'eaux. Ce qu'il s'agit simplement d'établir, c'est que l'intelligence stimulée par le capital s'élève en même temps que lui et que l'industrie qui progresse s'intellectualise.

Il paraîtra audacieux de parler de la spiritualisation de l'industrie à un moment où, de toutes parts, se dressent devant nous les fantastiques silhouettes et les aveuglantes lueurs d'usines vomissant la flamme ; où, dans le silence des campagnes, le ronflement des machines se mêle au grincement des poulies, où enfin il est devenu banal de montrer l'ouvrier esclave de la machine et acquérant la dextérité musculaire au prix de l'énergie psychique.

Je m'occuperai dans un instant de la situation de l'ouvrier à ce point de vue. En attendant, il est impossible de méconnaître que, derrière les merveilles de la force mécanique, il y ait de la force mentale ; que l'organisation matérielle de l'industrie du XXe siècle ne soit de la science en action ; et qu'entre le machinisme et la science nous retrouvions la correspondance déjà aperçue entre l'Etat et la liberté individuelle, entre le capital et l'intelligence [2].

Adolphe Prins

Qu'est-ce donc en effet qu'un de nos établissements industriels, sinon un ensemble d'ouvriers et de machines, de forces intellectuelles et musculaires, de pensées et de mouvements, tantôt associés, tantôt divisés, en vue de réduire les frais et d'augmenter la production ? Son caractère dominant est l'organisation méthodique du travail, la réunion des travailleurs, des instruments, des opérations et de mouvements similaires ; la distinction des travailleurs, des instruments, des opérations et des mouvements différents ; la spécialisation des aptitudes et des procédés techniques. Il y a accroissement du rôle de l'intelligence ; et la pensée directrice qui guidait le chef de l'atelier familial se trouve condensée à un plus haut degré dans la collectivité industrielle.

Cette progression de méthode scientifique, nous la rencontrons à la fois dans l'adaptation des ouvriers et de l'outillage. D'abord l'artisan primitif, travaillant chez lui et avec ses outils, ne pouvait réunir à lui seul toutes les qualités productives que l'on rencontre dans une agglomération d'ouvriers d'usine ou de fabrique. Seulement, pour tirer parti de ces qualités qui existent aujourd'hui à l'état latent et dispersé parmi les masses, il faut grouper les travailleurs d'après leurs aptitudes dominantes, distribuer les forces physiques et intellectuelles, établir entre elles des rapports de supériorité et de subordination. Dès lors il s'opère une classification d'après les catégories d'ouvriers et, dans les catégories, une spécialisation individuelle d'après les qualités personnelles ; en somme, une hiérarchie de capacités et de salaires. Alors que jadis, pour faire une voiture, il y avait un charron, un tourneur, un sellier, un serrurier, un vitrier, un peintre, chacun indépendant des autres et travaillant de son côté à une partie de la voiture, la fabrique moderne réunit dans un même établissement de nombreux ouvriers appartenant à ces diverses spécialités : ils coopèrent ensemble à une entreprise ayant pour but l'achèvement d'un grand nombre de voitures.

Mais cette coopération implique l'association de ceux qui font le même travail, la dissociation de ceux qui font du travail distinct, la coordination des efforts similaires ou différents dirigés vers le même objectif commun ; en un mot, une union et une division du travail quia sa source dans le travail mental [3]et implique la méthode et le raisonnement. Jadis, le petit horloger avec des outils rudimentaires fabriquait, après plusieurs semaines de patience, une montre coûtant très cher. La fabrique suisse moderne produit, en un jour, des centaines de montres d'un prix modique. Elle y arrive en concentrant, d'une part, tous les facteurs de la production, en poussant, d'autre part, à l'extrême la division du travail. Et le secret de sa supériorité, « c'est une grande perfection de l'outillage mécanique et, par-dessus tout, *un rigoureux esprit scientifique, qui inspire et dirige toute l'organisation* [4]. »

Ensuite, en ce qui concerne la machine, l'outil primitif, simple prolongement des bras et des mains de l'homme, et ne faisant qu'un mouvement déterminé, consistant, par exemple, à frapper, clouer, raboter, à scier, etc., est devenu le mécanisme complexe et vivant dont l'analyse est si suggestive. Il comprend, en général, un moteur donnant l'impulsion et suscitant une succession de mouvements, une transmission (volants, courroies, poulies, etc.) distribuant et modifiant les mouvements, pour aboutir a des instruments qui reçoivent la transmission et, d'une façon rapide régulière continue, exécutent l'opération voulue. Tantôt, dans la machine à fabriquer le papier ou les boîtes en fer-blanc pour le lait condensé, dans la machine à composer et à plier les journaux, le même appareil exécute successivement des opérations différentes. Tantôt, dans les métiers à filer le lin, à dévider, à peigner, à carder, plusieurs machines font simultanément des mouvements identiques. Et l'esprit de combinaison est toujours en éveil, décomposant les mouvements complexes en mouvements simples, transformant les mouvements saccadés en mouvements continus ; séparant des opérations jadis réunies dans les mûmes mains, en rassemblant d'autres jadis séparées ; et arrivant ainsi à diviser les travaux distincts, à fusionner les travaux similaires, à sérier les travaux successifs d'après la nature des travaux, des instruments, et des produits. On invente sans cesse de nouveaux procédés pour réduire l'effort musculaire et le coût de fabrication, pour prolonger, régulariser l'effort mécanique, pour multiplier les mesures de sécurité, pour utiliser les sous-produits et les déchets, etc. Il y a donc partout, d'une part, concentration, d'autre part, spécialisation du personnel et des machines, en même temps qu'il y a partout plus de science et d'initiative intellectuelle. Et quand Marx soutient que l'augmentation de la force productrice ne coûte rien au capital, il a tort, puisqu'elle n'est possible que grâce

Adolphe Prins

aux progrès de la science suivant, avec l'appui du capital mis à sa disposition, les progrès de la technique ; capital, science, progrès techniques étant ainsi indissolublement liés.

Et maintenant venons-en à l'élément essentiel de la question, et considérant plus particulièrement l'ouvrier, demandons-nous s'il est écrasé sous le poids de l'engrenage capitaliste et si le capital, en favorisant les progrès auxquels nous assistons, est bien du travail mort exploitant du travail vivant ?

Si la prospérité de l'exploitation capitaliste avec le développement de la technique industrielle devait avoir pour conséquence la déchéance du prolétariat, est-ce que le travailleur du XXe siècle n'en serait pas arrivé au dernier terme de sa décadence ? Si la thèse marxiste est exacte, pourquoi l'ouvrier des villes n'est-il pas inférieur à l'ouvrier rural ? Pourquoi l'ouvrier de la grande production mécanique n'est-il pas inférieur à l'ouvrier de la petite industrie à domicile ? Pourquoi l'ouvrier électricien ou horloger n'est-il pas inférieur à l'ouvrier tapissier ou jardinier ? Pourquoi l'ouvrier américain n'est-il pas inférieur à l'ouvrier belge et l'ouvrier européen au nègre du Congo ? Pourquoi l'ouvrier moderne enfin n'est-il pas inférieur à l'ouvrier de l'âge de la pierre, alors que le capital et la machine faisaient défaut ? Or, c'est le contraire qui se produit : avec des crises passagères de recul, il y a ascension continue et effective de la classe ouvrière. L'esclavage antique, le servage féodal, le travail corporatif, le trade unionisme contemporain en constituent les étapes ; et si une partie du XIXe siècle a été l'une des crises dont nous parlons, nous sentons bien au XXe siècle que la crise est passée et que l'émancipation ne s'arrêtera pas.

Et l'un des phénomènes les plus suggestifs de cette émancipation, c'est que son succès est surtout assuré là où les capitaux abondent et où la puissance de l'outillage ne connaît pas de limites. N'est-ce pas aux Etats-Unis, en Australasie, en Angleterre que l'ouvrier est le plus heureux, qu'il a les plus courtes journées de travail et les plus hauts salaires, les meilleures conditions de vie intellectuelle, matérielle et morale ? Comment soutenir que le régime moderne n'élève que les patrons et déprime les ouvriers, puisque déjà au début de ce régime, et alors que la situation était détestable, le mécanicien Watt invente la machine à vapeur, le barbier Arkwright le métier continu, l'orfèvre Fulton le bateau à vapeur, le houilleur

SECONDE PARTIE

Stephenson la locomotive, et que, plus récemment, le menuisier Gramme vulgarise l'emploi des dynamos ?

Mais laissant de côté des cas exceptionnels, comment soutenir qu'en ce moment le capitalisme enlève à l'ouvrier son indépendance, et comment invoquer pour le prouver l'exemple de patrons renvoyant des ouvriers syndiqués, alors que partout le prolétariat est organisé au point de vue social en parti de classe, au point de vue politique en parti parlementaire, au point de vue économique en associations professionnelles ; alors que ses coopératives, aussi importantes que les plus importantes sociétés capitalistes, sont administrées par des ouvriers d'élite, et qu'il compte des députés, des orateurs, des écrivains dont la situation ne le cède en rien à celle des bourgeois ? Comment soutenir que le machinisme a brisé la force de résistance des travailleurs et que la répétition ininterrompue d'actes identiques effectués par le même ouvrier anéantit son individualité, puisque les aspirations ouvrières sans issue possible au début du XIXe siècle et uniquement manifestées par des sentiments de haine et de révolte, sont précisément couronnées de succès depuis l'expansion du machinisme capitaliste et se traduisent par l'élaboration continue d'une législation ouvrière protectrice ?

La reconnaissance du droit de grève, le contrat de travail, les règlements d'ateliers, les unions professionnelles, les conseils de l'Industrie et du Travail, les coopératives, tendent à l'affranchissement économique de l'ouvrier ; les lois d'assurances ouvrières, la limitation des heures de travail, les lois protectrices des femmes et des enfants, l'inspection du travail, la législation sur les habitations ouvrières, les efforts tentés en vue de l'instruction et de l'apprentissage professionnel tendent à l'amélioration de l'existence de l'ouvrier et ont transformé la situation.

Si les progrès ont été accomplis avec le concours du capital, celui-ci n'est pas un vampire ; et s'ils ont été accomplis malgré lui, le travail n'est pas asservi.

Mais il est permis de croire que l'augmentation de productivité du capital, ayant augmenté son élasticité, lui a permis des sacrifices qui jadis l'eussent compromis ; et c'est la science qui est la cause de cette élasticité et qui s'affirme comme l'instrument d'émancipation

Adolphe Prins

du travail manuel.

La conception pessimiste de Marx résulte de sa conception matérialiste de l'industrie, où il n'aperçoit que des mouvements musculaires et du travail manuel, le capital étant au contraire pour lui l'absence de travail.

Or, du haut en bas de l'industrie, qu'il s'agisse du travail ou du capital, il y a, à des degrés divers et dans des proportions variables, un élément mental et un élément physique.

Le travail de l'ouvrier, c'est de la force physique, intellectuelle et morale, de l'énergie, de la réflexion, de la tension d'esprit, de la discipline, de la tempérance, l'esprit de famille, d'épargne, de prévoyance, l'éducation professionnelle, l'habileté d'où s'élève un *skilled labour*, une aristocratie ouvrière qui progresse et s'émancipe.

Le travail du capital, c'est aussi un ensemble d'actes physiques et mentaux, de force motrice et d'énergie morale ; c'est de la décision, du jugement, de la clairvoyance, c'est surtout une suite constante d'études, d'inventions, de combinaisons scientifiques, de plans concertés d'avance, de recherches pour obtenir des débouchés, une activité incessante sans laquelle l'entreprise périclite.

En résumé, l'industrie est une fusion d'efforts mécaniques, physiologiques et intellectuels. Et sans que l'on puisse bien démêler où les uns commencent où les autres finissent, il semble que de tous les rouages et de tous les éléments convergeant vers le but final, le plus précieux et le plus efficace soit la pensée humaine et qu'en dernier ressort l'idée soit, comme le proclame aussi M. Fouillée, la source de la prospérité du travail et du capital et de l'accroissement des richesses nationales.

V. — LA THÉORIE MARXISTE DE LA PLUS-VALUE

Ce que je viens de dire révèle l'absolue fausseté de la théorie de la plus-value, base du collectivisme marxiste. Il est chaque jour plus évident que la plus-value ou le profit du capital résulte de l'organisation sociale et scientifique de la production et n'est pas du travail imposé gratuitement au prolétariat. Mais il est d'autant plus essentiel de le démontrer de plus près encore, que si la lutte des classes est éternelle, que si la condamnation elle-même du capital date déjà d'Aristote et de Platon maudissant la chrématistique, et que si, à ce point de vue, Marx n'a rien innové, il y a cependant dans sa doctrine une chose nouvelle, c'est sa justification de la lutte des classes par la supposition d'un capitaliste s'enrichissant, sans travailler, des bénéfices d'un travail qu'il ne paie pas au travailleur.

Pour Marx, le profit du capital ne s'opère ni dans l'échange, ni dans la circulation des biens ; il s'effectue tout entier dans la production même et l'on ne peut en trouver la source que dans la façon de faire travailler et de payer l'ouvrier-producteur de richesses [5].

Voici le capitaliste. Il veut obtenir une marchandise ; il paie la matière première, plus l'outillage, plus l'usure de l'outillage et le salaire. Il se procure ainsi une valeur représentant exactement ce qu'il a avancé ; pas un centime de plus. Mais s'il ne peut espérer aucune rémunération, à quoi bon les peines et les risques ? Mieux vaut renoncer à l'entreprise. Il ne renonce pas ; il doit donc, à un moment quelconque, trouver quelque part un avantage à engager son argent dans une affaire. Comment va-t-il procéder ?

Le raisonnement purement *a priori* de Marx est le suivant : l'excédent existe incontestablement ; il ne peut-être de la sur-matière ou de la sur-usure ; *il doit être* du sur-travail ; et, en effet, le travail est de tous les éléments de la production le seul élément élastique, puisqu'il représente de l'effort humain et qu'on peut à volonté le concevoir plus ou moins intense ; et Marx en profite pour dire hypothétiquement : voici, d'une part, ce qu'il faut à l'ouvrier pour vivre ; voici, d'autre part, le surplus qui va au patron. Toute la théorie marxiste repose sur cette hypothèse. Les ouvriers ayant besoin de six heures de travail par jour pour gagner leur subsistance, le capitaliste les fait travailler plus longtemps, douze heures ou neuf heures, peu importe ; il ne leur paie que le minimum nécessaire à leur existence, soit six heures, et le surplus est du travail non payé dont il profite ; ainsi se forme le bénéfice illégitime du capital.

Tel est donc, si nous négligeons les détails, l'idée maîtresse du socialisme marxiste : le capital s'engraisse de tout ce qui exténue l'ouvrier ; pour fructifier, il exploite le travail manuel et fait travailler

Adolphe Prins

l'ouvrier le plus longtemps possible, au moindre prix possible, même gratuitement. L'essence de ce système, c'est d'admettre que la substance de la valeur est du travail manuel ; que la mesure de la valeur est une durée moyenne de travail manuel ; et, enfin, que la plus-value du capital est du surtravail manuel non payé.

Examinons successivement ces trois thèses :

Il est clair d'abord que la substance de la valeur n'est pas uniquement la dépense de force physique ou l'usure de l'organisme physique. Nous venons de voir qu'il y a autre chose dans le travail. Le travail du sauvage se distingue du travail du civilisé en ce que le premier est automatique, et que le second implique une part de volonté intelligente ; tout travail méthodique et régulier a son origine dans la conscience, exige de l'attention, de la réflexion, la connaissance de l'outil et de la machine, de son usage, de son effet utile, et plus l'engin est puissant, plus le raisonnement est nécessaire.

La loi du développement du travail, c'est, dit Fouillée [6], la prédominance progressive du travail mental, et la machine en prenant à elle le travail musculaire laisse de plus en plus à l'ouvrier la possibilité du travail intellectuel. Je ne m'occupe pas des exceptions, je ne parle ni des ouvrières et des ouvriers qui découpent des boutonnières à l'emporte-pièce sans que le facteur mental y participe, ni des ouvriers électriciens qui sont presque des savants ; je prends la moyenne : je constate que le progrès technique tend à une épargne de force musculaire ; qu'il augmente par conséquent la disponibilité de force mentale ; et que l'intelligence entre en ligne de compte quand il s'agit d'analyser la substance de la valeur.

Et cette intelligence ne doit pas seulement être prise en considération dans l'appréciation du travail manuel, elle se cache dans la machine même qui préside à toute la production ; elle passe dans les vibrations de tous les métiers mécaniques s'agitant avec une rapidité vertigineuse ; la force motrice mise en œuvre pour produire en dix heures de travail manuel 100 kilos de filés dont la façon est payée 3 francs l'heure ou 30 francs, est de la pensée, de la science en action, et celui qui, se promenant dans la filature, ne regarde que les mouvements apparents, ne peut se faire une idée complète de la substance de la valeur.

Il est clair en second lieu, que, pour mesurer la valeur du travail, il est impossible de prendre comme base d'évaluation une durée normale du travail. Une durée normale moyenne du travail n'existe pas ; on ne rencontre ni deux travailleurs identiques, ni deux jours ou deux heures de travail identiques dans leurs résultats.

Pour créer une moyenne normale de durée de travail, Marx conçoit, dans une industrie donnée, l'heure de travail d'une équipe de dix hommes comme étant partout la même et produisant partout le même effet utile ; elle travaille douze heures, elle a besoin de six heures de travail pour gagner de quoi vivre ; le patron lui paie ces six heures et empoche les six autres. Cette formule algébrique est démentie par la vie économique. Il y a des ouvriers qui font en six heures ce que d'autres font en douze heures ; il y en a qui fournissent en six heures la valeur exacte de six heures de travail. La durée et l'effet utile du travail varient d'abord suivant que l'on est en France, aux Etats-Unis, en Australie, etc. Au lieu d'une durée synthétique du travail, il y a le travail d'un Français, d'un Anglais, d'un Allemand, d'un Chinois. L'ouvrier tunisien dans le même temps produit moins que le travailleur du Soudan ; l'Européen produit moins que l'Américain, et ainsi de suite. Et la durée et l'efficacité du travail varient non seulement d'après les races et les nationalités, mais d'après, les catégories d'ouvriers et les individus. Tel ouvrier bien payé qui boit n'épargnera pas de quoi vivre ; tel autre moins payé et tempérant parviendra à l'aisance. Les qualités personnelles importent comme les mérites de l'outillage, les conditions du milieu, du climat, du marché. Et pour égaliser la durée et l'effet du travail, il faudrait égaliser la vitesse de la circulation du sang, la résistance nerveuse, l'élasticité musculaire, les facultés mentales et les dispositions morales. Marx a commis, comme Adam Smith, la faute de faire du travail, comme du capital, un concept métaphysique qui cache les travailleurs et leurs inégalités. Michelet avait dit : « On ne peut donner les chiffres en supprimant les hommes. » Marx donne les chiffres et supprime les hommes. Si on les voit tels qu'ils sont, il n'y a plus de formule capable d'exprimer algébriquement la durée normale et l'effet utile du travail en général.

Il est clair, en troisième lieu, que le profit du capital n'est pas du sur-travail non payé.

Qu'il y ait eu, notamment à l'époque du chartisme, et qu'il y ait encore des efforts inhumains du capital pour arracher à l'ouvrier un maximum de travail moyennant un minimum de salaire, cela est incontestable. Seulement, il s'agit de voir si l'exploitation de la force de travail est un abus que l'on peut refréner ou une conséquence inévitable du régime capitaliste et qui ne disparaîtra qu'avec lui ?

A cet égard, les faits démontrent que si le capital cherche à retirer du travail le plus de profit possible, son intérêt n'est pas de surmener, d'épuiser, d'avilir l'ouvrier, mais au contraire de l'épargner, de le protéger, de l'émanciper ; l'état présent de l'industrie est la condamnation de la thèse marxiste de la plus-value.

Notons, avant tout, que le principe sur lequel cette thèse s'appuie est un truisme : la valeur produite est et doit être évidemment supérieure au capital avancé. (Matière première, salaire, outillage et usure de l'outillage.) Si le capitaliste produit par exemple du coton, c'est avec l'espoir d'une rémunération supérieure à ses avances. Mais, dans ces avances, il y a déjà autre chose que la matière première, l'outillage et le salaire ; le capital représente, en outre, du travail épargné ou du travail mental ; il représente une idée directrice. Le chef de métier au XIVe siècle produisait pour la commune. Le chef d'industrie au XXe siècle produit pour le monde habité, et le capital engagé dans une entreprise mondiale a besoin d'un salaire autre que le salaire du travail musculaire ; il a besoin d'un salaire de direction intellectuelle, d'un profit proportionné aux risques courus, aux peines occasionnées, aux études nécessaires, à la science dépensée. Et, je l'ai dit plus haut, il est indifférent que le directeur de l'affaire soit le capitaliste qui l'a fondée ou un tiers à qui le capitaliste délègue le soin de diriger. Dans tous les cas, celui qui dirige doit avoir des capacités spéciales ; c'est toujours le capital qui les paie et si le capital n'assurait pas au talent du chef un traitement élevé équivalent à ses aptitudes, s'il ne faisait pas une situation privilégiée aux ingénieurs, aux savants, aux gérants, aux comptables, aux contremaîtres, aux supérieurs, qui donc les recruterait ?

Les collectivistes disent : « Nous aussi, nous saurons payer l'idée, la science, les fonctions de direction, d'organisation. » Alors où est le progrès ? Ou bien il n'y aura aucun avantage à acquérir des connaissances particulières, une supériorité quelconque, et les supériorités disparaîtraient ou seraient sacrifiées ; ou bien le collectivisme ne pourrait se passer d'un mode de rémunération privilégiée du talent, et il sacrifierait son idéal, l'égalité. Dès le début, nous trouvons, parmi les facteurs de la valeur produite, un élément négligé par Marx : le talent de direction, la supériorité.

Cette lacune apparaît encore d'une façon plus frappante si nous suivons Marx quand il veut préciser son analyse de la formation de la plus-value. Il montre le capital d'une entreprise divisé en deux parties : l'une est employée à payer les moyens de production, l'outillage, les matières premières, qui se transforment sans augmenter de valeur ; Marx l'appelle le capital constant L'autre est employée à payer la force de travail, qui se transforme en profit ; Marx l'appelle le *capital variable*.

D'après Marx le capital constant ne produit pas de plus-value ; seul, le capital variable en produit, puisque c'est sur l'exploitation du travailleur et sur le prolongement des heures de travail que l'entrepreneur compte pour réaliser son bénéfice.

Or, on ne peut soutenir sérieusement que l'outillage soit du capital constant et n'augmente pas le profit de l'entreprise. De deux filateurs dont l'un perfectionne son outillage, dont l'autre reste rivé à la routine, le premier fournira une meilleure qualité de filés ; il en vendra plus, il l'emportera dans la lutte et sera mis ainsi à même d'améliorer la condition de ses ouvriers et d'augmenter leur salaire.

Je pense même que le capital constant, dans le sens admis par Marx, fournit un profit supérieur à celui du capital variable [7] ; supposez un industriel entouré de spécialistes compétents, dont les travaux lui permettent de suivre les progrès de la science et de la technique ; il améliore ses procédés et son outillage, il augmente sa force de production, il s'assure sa supériorité. Et non seulement son capital constant est créateur de plus-value, mais c'est lui, comme technique, qui fait les efforts supplémentaires, quand l'effort de l'ouvrier reste ce qu'il était ou est peut-être réduit.

Toute la dépense correspondant à de l'esprit d'invention, à du travail mental, à du progrès mécanique, est supportée par le capital constant.

Voyez l'Allemagne, le développement remarquable de ses industries, et l'avance acquise par elle sur l'Angleterre, notamment dans les entreprises où la chimie joue un rôle. A quoi doit-elle ses

Adolphe Prins

succès, sinon à ce *capital constant* qu'elle dépense sans marchander pour s'assurer la victoire et comment méconnaître que ce soient précisément les sacrifices consentis par le capital constant qui engendrent la plus-value ?

Ces sacrifices sont-ils faits au détriment des ouvriers ? Ici apparaît manifestement l'erreur du marxisme ; si la plus-value du capital avait sa source dans la prolongation non payée de la journée de travail, le prix de la prospérité économique actuelle serait l'augmentation croissante des heures de travail, la réduction croissante du salaire. On ne pourrait réduire la journée de travail et augmenter le taux des salaires sans atteindre le profit du capital. Nous sommes loin de là : depuis 1848, la journée de travail subit des réductions successives, les salaires suivent une marche ascendante, en même temps que le capital s'accumule et que la richesse publique grandit. Courtes journées de travail, hauts salaires, intensité de la production sont désormais des termes qui s'enchaînent ; et dans les pays où, comme en Australie, en Nouvelle-Zélande, aux États-Unis les profits du capital et la puissance du machinisme sont énormes, on arrive à une moyenne journalière [8] de huit heures de travail, de 8 shillings de salaire. Tel est le fait brutal qui renverse tout l'échafaudage du marxisme ; la plus-value ne résulte pas des heures de travail non payées dont parle Marx, puisque, en supprimant ces heures et en ajoutant du salaire, on ne tarit pas la plus-value. Le machinisme, de son côté, ne prolonge pas indéfiniment la journée de l'ouvrier, puisque celui-ci travaille le moins longtemps précisément dans les pays où la technique a le plus progressé. Et les collectivistes auront beau dire que le capitaliste est parvenu à faire produire plus à l'ouvrier dans le même temps, la pratique est là pour montrer que, loin de rendre l'effort plus intense, le machinisme le réduit. Et si l'on soutient malgré cela que par exemple les six heures de travail de la journée australienne contiennent encore du sur-travail non payé, où donc s'arrêter ? Je suppose un entrepreneur obtenant une rémunération du capital en introduisant, grâce à des progrès techniques, la journée de travail d'une heure, dira-t-on que cette heure, étant rémunératrice contient du sur-travail non payé, et faudra-t-il la raccourcir sous prétexte que le capital obtenant un profit, la plus-value se trouve dans l'heure de travail ?

Une autre preuve encore de la fausseté de la théorie de Marx, c'est

SECONDE PARTIE

la tendance à l'uniformité des prix, abstraction faite des frais de production. Le prix de la même marchandise, au même moment, sur le même marché, s'égalise, et celui qui vend plus cher échoue. Ce qui agit alors sur le profit du capital, ce n'est pas la quantité de travail fourni, ce sont les conditions du marché.

Une guerre augmente le besoin du combustible ; le prix du charbon monte et le profit du capital monte avec lui. Puis les besoins diminuent ; il y a crise charbonnière et le profit est presque nul. Il arrivera que les ouvriers puissent travailler à leur aise et que les bénéfices des sociétés soient cependant élevés tandis qu'à d'autres moments il y aura un travail accéléré sans que la rémunération du capital soit bien forte ; parfois le capital semblera exploiter le travailleur, parfois aussi les travailleurs sembleront exploiter le capital, et il n'est pas possible d'établir un rapport direct et permanent entre la plus-value et le chiffre quotidien des heures de travail.

Où donc sera la cause de la plus-value ? Un exemple cité par Deville, d'après Marx lui-même [9], va nous permettre de nous faire une idée schématique du procédé de formation de la plus-value :

Dans les îles orientales où croît le palmier sagou fournissant 3 à 400 livres de farine comestible, l'habitant a besoin d'une simple journée de travail pour vivre une semaine. Quand il a faim et manque de provisions, il s'en va dans la forêt et recueille du sagou comme nos paysans abattent du bois à brûler. Il peut sans danger être insouciant, imprévoyant, paresseux ; certain d'avoir du sagou à discrétion, il ne doit travailler que quand il n'a plus à manger et il ne produit que pour consommer sur place.

Jusqu'ici, pas l'ombre de capital ou de plus-value. Marx dit que si le capital s'introduisait dans l'île, on verrait immédiatement le travailleur créer de la plus-value.

Mais Marx ne recherche nullement comment surgira le capital. Essayons de nous le figurer : dans l'une de ces îles, supposons ou une longue période de paix, qui double la population, ou une longue période de guerre qui la réduit de moitié, ou un incendie qui réduit le nombre des palmiers sagou. L'insulaire n'a plus la chance de pouvoir récolter uniquement pour manger ; il n'y a plus assez de farine pour entretenir toute la population au gré des caprices du consommateur. Si on se borne à suivre les anciens errements, les uns auront du superflu, les autres manqueront du nécessaire, et, pour qu'une partie des habitants ne meure pas de faim, il faudra ajouter à la production pour la consommation personnelle la production pour l'échange avec autrui et la circulation. Seulement tout cela est précaire, incertain, aléatoire ; des famines, des révoltes, des conflits surgissent jusqu'au jour où les plus intelligents organisent le travail, recrutent des bras pour la récolte, imposent aux travailleurs l'ordre et la discipline, introduisent des machines pour rendre la récolte régulière et rapide, des marchés où l'on concentre le sagou, des agents pour le transporter, d'autres pour le vendre.

Aux habitants récoltant au hasard, en vue de l'usage personnel et immédiat, quand ils ont faim, succèdent des professionnels travaillant ensemble méthodiquement pour la masse, en vue de l'avenir. La farine récoltée jadis gratuitement va être payée et son prix sera supérieur à sa valeur absolue. Voilà l'apparition du capital et de la plus-value.

Cette plus-value se forme encore aujourd'hui de la façon dont nous imaginons sa formation dans l'île au palmier sagou, c'est-à-dire sous l'empire d'un ensemble de causes qui augmentent les besoins. Ce n'est pas le capital qui crée artificiellement de la plus-value ; c'est l'accroissement de la population, des désirs ; c'est le progrès social qui provoque l'organisation économique, différencie le capital du travail et lui donne sa plus-value. Le travail primitif, sans capital ni profit du capital, c'est du travail isolé et égoïste dans un intérêt personnel et sans aucune méthode ; la plus-value, c'est du travail perfectionné, du travail commun en vue d'un but commun et d'après un plan concerté d'avance aux fins d'abaisser les frais généraux, d'abréger le temps nécessaire à la production et d'arriver à produire le plus et le mieux possible. Quand les marxistes disent : la plus-value c'est le sur-travail d'un ouvrier qui peine un nombre d'heures dont on ne lui paie pas la valeur, on pourrait, en généralisant comme eux, répondre : la plus-value, ce sont les études et les veilles d'un savant qui invente un procédé nouveau, améliore un procédé ancien, entretient et répare un procédé usuel. Dans tous les cas, la plus-value s'élève d'autant plus qu'il y a dans le régime industriel une coordination plus rationnelle des efforts de tous, une direction plus intelligente, une tendance plus scientifique et plus organisatrice.

Pour s'en convaincre il suffit d'ouvrir les yeux ; si des nations comme le Portugal, l'Espagne, la Grèce restent à l'arrière-plan, alors que les produits des pays fortement outillés, tels que la France, l'Australie, l'Amérique, l'Allemagne, l'Angleterre, la Belgique, fournissent une grande plus-value, ne la doit-on pas aux qualités intellectuelles, comme aux qualités physiques des coopérateurs, au travail mental comme au travail musculaire, et, en résumé, à l'effort social pris dans sa totalité, en y comprenant l'intelligence et la science créatrice ? Voilà l'injustice, s'écrient les marxistes ! La plus-value vient du travail et du capital ; elle ne profite qu'au capital !

Nouvelle erreur ! Car si, dans des proportions variables, elle vient de tous, elle va indubitablement à tous. Ne parlons pas des grands industriels privilégiés dont les bénéfices sont excessifs. N'y a-t-il pas des chanteurs, des comédiens, des écrivains qui gagnent des sommes énormes pendant que les machinistes, les figurants, les écrivains déclassés végètent ? Les favoris du sort sont des exceptions ; seulement les grands industriels comme les grands chanteurs sont en vedette ; eux seuls sont connus et leurs noms frappent l'imagination. On ignore les autres ; ils sont légion. D'autre part, la plus-value ne s'obtient pas sans ruines individuelles frappant les chefs d'entreprises comme les travailleurs. On objecte, il est vrai, que quelque nombreuses que soient les faillites et les déchéances financières, le capital est toujours en profit ; c'est comme si l'on soutenait que quelque profondes que soient les crises économiques, le travail, comme tel, ne connaît pas le chômage, puisqu'il y a toujours des ouvriers qui ne chôment pas. Ce sont là des abstractions sans signification pratique.

La vérité, c'est que la création de la plus-value ne se fait pas sans grands risques, de toute nature, qu'elle comporte un mélange de chances favorables et défavorables. La vérité encore, c'est que la plus-value est en dernier ressort une chance favorable à toute la nation, un élément de la prospérité générale, salutaire non aux capitalistes et aux propriétaires seuls, mais à la totalité des citoyens. Un pays qui fournit de la plus-value est un pays riche, un pays qui n'en fournit pas est un pays pauvre. Et de même qu'une industrie prospère peut faire pour le bien-être de ses ouvriers des sacrifices dont une entreprise qui végète est incapable, de même un pays qui prospère peut faire, pour le bien-être de tous, des sacrifices qui ne sont pas permis aux autres. La plus-value sociale née du travail social rend possibles les grands travaux d'hygiène et d'utilité publique, l'assainissement des villes, la création d'hôpitaux, d'hospices, toutes les institutions de prévention, d'assistance, d'enseignement, le dégrèvement des objets de consommation, l'impôt sur le revenu, le développement des voies de communication, de la technique industrielle, etc.

Que cela ne se passe pas toujours ainsi, c'est une autre question. Pour nous, nous nous bornons à examiner en principe l'origine et la destination de la plus-value et les moyens de l'affecter au bien public. Nous comparons en principe les pays riches aux pays pauvres ; nous voyons que, relever un pays pauvre, c'est y faire naître la plus-value, lui donner une vie plus libre, plus intense, plus différenciée, affranchir les talents du joug de l'universelle médiocrité, favoriser l'épanouissement des œuvres de solidarité et de justice, et l'éclosion des lois sociales, d'autant moins réalisables que les ressources sont plus modestes. L'on objecte, enfin, que le capital et la plus-value engendrant sans interruption du capital et de la plus-value, l'accumulation et la concentration de l'argent dans quelques mains met à la disposition d'une minorité une part trop forte du revenu de la production totale. Dans certains cas, l'objection est fondée. Qu'on le remarque cependant, elle atteint non pas le principe de la production en régime capitaliste, mais son application en tant qu'il s'agit de la distribution du revenu. Il faut plus de justice dans la distribution du profit, mais on peut obtenir la justice sans réaliser l'idéal collectiviste et sans supprimer le capital, et l'on peut l'obtenir d'autant mieux que la prospérité est plus grande, et le capital plus abondant.

Bien plus ! Suffirait-il d'une société sans régime capitaliste pour garantir le bonheur social ? Platon et Aristote ont eu cette illusion, comme plus tard Morus et Campanella, et Cabet, et Marx, et Morris, et bien d'autres.

Or, que nous enseigne l'histoire ?

Le législateur Spartiate a fait ce qu'il a pu pour arrêter le cours naturel des événements, pour supprimer le commerce, l'industrie, la monnaie, la concentration des fortunes, le luxe et les arts. Si légalité et l'absence de capital eussent été la condition du bonheur, Sparte eût été la cité idéale. Pourtant l'organisation spartiate n'a empêché ni la misère, ni la dépopulation, ni l'appauvrissement général, ni, déjà à l'époque d'Aristote, l'accaparement des biens par une centaine de privilégiés. Sparte avait rêvé le bien-être par l'égalité ; elle n'a eu ni l'un ni l'autre.

La République romaine à ses débuts, et la féodalité ont ignoré le régime capitaliste ; elles n'ont ignoré ni la servitude, ni les pauvres et les riches, ni les contrastes entre les petits et les grands.

Au XIXe siècle, le capitalisme naissant a connu et toléré d'effroyables souffrances ; mais, au début du XXe siècle, avec le capital accumulé à l'extrême, nous voyons la misère s'atténuer, nous assistons au relèvement du *Standard of life* des prolétaires, et à une incontestable amélioration dans la condition des classes laborieuses.

Même le capital accumulé n'est pas toujours funeste en soi. Tout dépend de l'usage qu'on en fait. Dans le roman de George Eliot, le vieux Silas Marner, en tissant sans relâche, amasse, pièce par pièce, un petit trésor qu'il cache sous terre, sans en retirer aucun avantage, aucune jouissance. Quand, un jour, on lui vole son or, c'est comme s'il ne l'avait jamais épargné, et son travail acharné est perdu. Le capital n'a de signification, de force et de puissance que s'il est employé : il y a d'abord les dépenses productives ; elles sont de deux natures. Le capital remployé fonde et soutient les entreprises publiques ou privées ; il est placé en valeurs d'États ou de villes, ou de sociétés ; il donne l'existence aux œuvres charitables, scientifiques, artistiques il contribue à la vie nationale, il est un facteur d'activité et de progrès.

Il a un autre rôle nécessaire : il alimente et développe l'industrie d'où il sort ; les inventions et les procédés mis en œuvre suscitent constamment d'autres procédés et d'autres inventions ; les perfectionnements réalisés amènent des perfectionnements nouveaux. Jamais il n'y a d'arrêt dans la technique ; jamais il ne peut y avoir d'arrêt dans la dépense ; la prolifération du capital trouve sa raison d'être dans la prolifération des entreprises. Le chef d'industrie qui piétine sur place est distancé et succombe.

A côté de cela, il y a les dépenses improductives, les gaspillages du jeu, de la spéculation, de la débauche, le luxe superflu ? c'est l'emploi abusif et nuisible de la plus-value ; il est dû non-au capital, mais à l'exacerbation du désir, à la frénésie des jouissances vulgaires, au mobile frivole et bas de l'ostentation

A New-York, les « Quatre-Cents, » poussés par la vanité, luttent de prodigalités excentriques. Aucun ouvrier ne se donne pour élever sa famille autant de peine que ces milliardaires pour éclipser leurs concitoyens et pour acquérir à la sueur de leur front une notoriété de mauvais aloi.

De tels excès individuels se retrouvent dans la nature. La forêt aussi, dans l'ivresse de ses frondaisons éclatantes, est insoucieuse de l'épargne, elle laisse flotter inutilement et se perdre à jamais des tourbillons de germes féconds ; et pourtant elle reste revêtue de splendeur austère. Mais, dans la société, ces excès ont un caractère particulier ; ils sont du ressort de la morale ; ils sont dus à la volonté humaine mal dirigée, aux passions malsaines ; ils trouvent en eux-mêmes leur malédiction et leur sanction ; ils sont aussi, dissolvants que l'excès de misère ; comme la misère, ils atrophient et dégradent ; les fortunes les plus colossales n'y résistent pas, et il ne faut que deux générations pour faire rentrer leurs débris dans l'universelle circulation !

VI. — LES CONTRADICTIONS FONDAMENTALES DU COLLECTIVISME

Dans ce qui précède, je n'ai pas encore insisté sur un point fondamental ; la société moderne souffre d'incontestables abus ; les réformes sociales doivent figurer au premier plan des préoccupations publiques ; et elles y figurent, parce que les maux frappent toujours plus que les avantages ; la statistique révélera toujours avec plus de précision la misère, la criminalité, les épidémies que le bonheur, la vertu, la santé. Le XIXe siècle a eu le tort d'attacher plus d'importance au problème de la production qu'à celui de la répartition ; il a considéré comme essentiel de produire le plus de richesses possible et non de les distribuer le mieux possible ; il n'a pas compris la nécessité de donner au développement des biens un but idéal ; il a laissé croître l'opposition entre le mammonisme et le paupérisme : il n'a rien pu contre la démoralisation ; il n'a pas senti que ce qui importe surtout à une civilisation, c'est la formation du caractère.

Mais les collectivistes, négligeant les aspects moraux de la question, s'en prennent uniquement au capitalisme. La flagrante contradiction de notre régime à leurs yeux, c'est le caractère social de la production, le caractère individuel de l'appropriation.

Pour supprimer cette contradiction, il faut socialiser l'appropriation, et, après défalcation du *quantum* nécessaire aux besoins généraux, répartir la plus-value sociale. Les moyens de production et d'échange, terres, mines, établissements industriels, instruments de crédit, de circulation, de transport, rentreront dans la collectivité ; seuls les objets de consommation resteront personnels. Désormais, l'Etat, se passant du commerce des intermédiaires, du numéraire, des bourses, gère le travail national, règle la production et la distribution. Et le danger d'une soumission complète de la vie économique à la tyrannie niveleuse d'une autorité centralisatrice étant manifeste, les disciples de Marx font une concession ; ils distinguent l'Etat-industriel de l'Etat-gouvernement. Ils laissent aux entreprises économiques une certaine autonomie ; ils en font des corporations publiques indépendantes auxquelles l'autorité distribuera le capital collectif. L'industrie sera décentralisée sous le contrôle d'un gouvernement centralisateur [10].

Les économistes, représentons exclusifs des classes bourgeoises, ont voulu l'émancipation de l'individu par la liberté. Les marxistes, représentants exclusifs du prolétariat, ont voulu l'émancipation des travailleurs par l'Etat. Ils ont les uns et les autres, par des moyens diamétralement opposés, cru atteindre au même idéal : le bonheur des individus [11].

Les disciples de Marx rêvent une collectivité sociale d'égaux ; non pas, la façon de Platon, une collectivité sociale d'intellectuels libres servis par des esclaves manuels ; non pas une élite de non travailleurs servie par une multitude sans intellectualité, mais une collectivité de travailleurs participant tous indistinctement aux travaux matériels et intellectuels.

Seulement une pareille conception est le retour aux formes

communautaires primitives à production restreinte. Et qu'est-ce donc qu'une pareille forme ? Est-ce un système administratif faisant régner l'égalité ? Nullement. C'est un état social résultant de formes particulières d'existence ; un bonheur placide et simple ; l'égalité des conditions et des prestations ; un territoire restreint et peu peuplé ; aucune division du travail, aucune circulation des richesses ; l'habitant content de peu, récoltant sans peine, consommant sur place, confectionnant lui-même ses vêtements, ses outils, construisant lui-même son habitation.

Et si déjà les cadres des formes communautaires ont été trop étroits dans le passé, si l'ancien développement harmonique et égal de tous les hommes dans toutes les directions n'a pu se figer nulle part, s'il n'a pu subsister ni dans les petites cités helléniques, ni dans nos premières démocraties rurales, ni dans nos premières communes industrielles, comment imaginer leur reconstitution et surtout leur maintien et leur durée au milieu des agitations de notre monde économique et commercial, où la densité de la population, ce facteur essentiel du problème social, est chaque jour plus grande et où l'Europe à elle seule compte 375 millions d'habitants ? Une fortune publique colossale, des dépenses publiques croissantes, des services publics multiples, des contrastes inouïs, des mœurs publiques ayant perdu toute apparence de simplicité, tout cela nous mène aux antipodes des types communautaires. L'on ne comprendrait ni qu'un coup de baguette magique les fît soudain renaître, ni que l'humanité y retournât peu à peu d'elle-même, la propriété privée, écrasée sous le poids de ses fautes, disparaissant devant la propriété socialisée.

Nous voyons, au contraire, la société accentuer sa marche dans le sens- de la complexité, de la différenciation, de l'individualisation, de la hiérarchie. On aura beau faire, le socialisme intégral est un démenti à la nature humaine ; il aurait des résultats tout aussi funestes que l'individualisme absolu avec son cortège de passions égoïstes ; car il devrait combattre la variété des aptitudes, des besoins, des caractères ; il devrait sacrifier la liberté, la responsabilité, et exercer une contrainte d'autant plus rigoureuse que l'instinct de l'homme est plus incompressible.

Peut-on songer sans épouvante à la dose de despotisme nécessaire pour essayer d'entraver les tendances naturelles de l'homme, à la tyrannie intellectuelle indispensable pour donner à la société collectiviste une cohésion interne ? Quand on lit *la République* et *les Lois* de Platon, on est effrayé des mesures auxquelles il doit recourir pour restreindre les richesses, extirper les germes de l'inégalité, éteindre la fièvre du gain, tuer l'esprit d'entreprise. Platon légifère pour une petite communauté de 5 040 foyers, placée dans des conditions spéciales, et cependant il n'espère une certaine stabilité de régime qu'en étouffant la liberté intellectuelle comme la liberté économique, en soumettant la pensée au contrôle d'un comité de censure, en s'emparant de l'âme de l'enfant depuis l'âge de trois ans, en envahissant le foyer domestique. Et, même ainsi, il n'obtient pas l'égalité, puisqu'il maintient l'esclavage.

Combien plus despotique encore ne devrait pas être le collectivisme marxiste, qui rêve l'égalité absolue, non pas pour une communauté restreinte, mais pour l'ensemble du monde habité ! L'irrémédiable faiblesse de Platon, de Marx et de tous les utopistes, c'est de croire que l'on fabrique des hommes comme, dans *Faust*, Wagner fabrique l'*homunculus*, de leur supposer la plasticité des figures de cire que l'on modèle pour un musée. Pour qu'une société collectiviste fût l'expression de la justice, il lui faudrait exactement ce qu'il faudrait pour qu'une société individualiste fût l'expression de la justice : des hommes parfaits. Ils seraient tous également actifs, intelligents, conscients de leur responsabilité et de leurs devoirs réciproques. L'altruisme obligatoire et universel serait l'égal stimulant de tous. Ils ignoreraient la passion, l'envie, la paresse, ils auraient tous une dose identique et de discipline et d'initiative. Le forgeron frapperait l'enclume avec la joie du poète obéissant à l'inspiration ; le poète inspiré, à des heures déterminées, martèlerait ses vers avec la régularité rythmique du forgeron.

Les épigones du marxisme soutiennent, il est vrai, que tout cela est de la fantasmagorie. Pour eux, il s'agit non d'étouffer la vie matérielle ou morale de l'individu, mais de protéger également toutes les vies. Je réponds que la plénitude de la vie n'existe pas avec un horizon rétréci.

Sur le terrain où se placent les socialistes collectivistes, les conflits entre l'individu et la masse sont inévitables.

Si l'on sacrifie l'individu à la justice, si l'on le tolère sans lui reconnaître de droits, on nie le progrès interne, on assimile la société à un mécanisme, on la courbe sous un joug uniforme, on anéantit la spontanéité ; et, en même temps que c'est désastreux pour l'individu lui-même, c'est une effroyable perte de force sociale pour l'ensemble.

Si l'on reconnaît des droits à l'individu, aussitôt celui-ci apparaît dans son infinie diversité, avec ses aspirations au développement personnel et inégal ; ce sont autant d'obstacles au socialisme égalitaire.

Ou bien, en effet, le socialisme implique l'égalité de la rémunération et de la distribution ; il n'apprécie pas le rôle différent de chacun des coopérateurs à l'œuvre commune, le degré de l'effort, la proportion entre les forces mentales et physiques, entre les forces directrices et dirigées, il ne tient pas compte de l'abîme qui sépare l'élite du rebut ; il ne sanctionne ni l'imprévoyance, ni l'inconduite, ni la paresse ; alors il abaisse les meilleurs et favorise les médiocres ; il est la suprême injustice ; il est une menace pour toute civilisation, toute lumière, toute pensée ! Ou bien il mesure la rémunération aux aptitudes du travailleur, à la valeur des produits ; il reconnaît une hiérarchie des fonctions, des intelligences, des moralités ; des différences de situation, la possibilité de l'épargne ; alors il ouvre une brèche par où passeront tous les facteurs de progrès et de différenciation.

Le désir de s'élever est une loi sociale aussi impérieuse que la loi physique de la pesanteur. On le retrouve avec ses conséquences utiles et nuisibles, l'émulation et l'envie, dans toutes les classes sociales ; malgré toutes les précautions prises, il trouve toujours une fissure par où s'échapper. Dans une société fondée sur la liberté, il ne rencontre pas de frein, et les inégalités deviennent excessives ; dans une société fondée sur la contrainte, il est combattu, et les inégalités diminuent. Mais tout est relatif ; les mobiles psychiques ne changent pas et les plumes d'un chef sauvage marchant presque nu provoquent aussi bien, parmi les guerriers de sa tribu, des sentiments de jalousie ou de respect, que le palais d'un milliardaire, parmi les hommes d'affaires de New-York.

Toutefois sous un régime d'oppression, les inégalités les moins apparentes paraissent démesurées ; les imperceptibles nuances deviennent des couleurs tranchées ; elles sont aussi pénibles aux inférieurs que, sous un régime de liberté, les oppositions les plus profondes ; et à la souffrance de l'inégalité vient en outre s'ajouter la souffrance de la contrainte.

Tel est le ferment de dissolution que le socialisme porte en lui et dont il ne peut se débarrasser.

Les collectivistes se font la partie belle : en regard de notre société, imparfaite comme tout ce qui existe, et dont ils mettent surtout les vices en relief, ils laissent miroiter une société qui n'existe pas et lui attribuent tous les mérites, notamment l'ordre et la justice résultant d'une organisation par l'Etat. Que dis-je, ils poussent bien plus loin encore l'esprit de dogmatisme et de système ; ils prêtent à la société sortie de leur imagination, à la fois tous les avantages de l'État et tous ceux de la liberté !

Que faut-il penser de leur optimisme ?

La démocratie contemporaine, impliquant la libre variété des formes économiques, fournit un grand choix de types d'organismes sociaux et, parmi eux, il y a des organismes collectifs revêtus du caractère de service public ou d'entreprise publique. C'est une des multiples expressions de l'activité humaine, dont les manifestations sont si nombreuses. Mais, quand le socialisme y voit un modèle et réclame sa généralisation en invoquant sa supériorité sur les autres formes d'activité, on peut se demander où sont les preuves à l'appui de ses préférences ?

Dira-t-on que l'entreprise publique est mieux gérée qu'une entreprise privée ? Nous l'avons soutenu plus haut et nous le répétons ici : dans les deux hypothèses, tout dépend de la personnalité qui dirige. Si le service public a à sa tête un homme capable, il fonctionne bien ; sinon, il fonctionne mal. Or, l'Etat a beaucoup plus de peine à recruter un personnel d'élite que les particuliers. Les nécessités politiques, la pression électorale, les règles de l'avancement et de l'ancienneté sont des obstacles que l'entreprise privée ne connaît pas.

Dira-t-on que l'entreprise publique est moins dispendieuse ? On oublie les critiques dirigées par les socialistes eux-mêmes contre les gaspillages de l'Etat moderne. Les sociétés anonymes doivent payer leurs actionnaires ; les gouvernements doivent payer leurs

Adolphe Prins

fonctionnaires, et ce qu'ils épargnent en accordant des traitements modiques, ils le reperdent en les multipliant. L'obligation pour tous les partis de placer leurs créatures, d'assurer leur existence, la lenteur du travail administratif, la difficulté du contrôle, l'absence de stimulant, voilà autant de circonstances défavorables qui compensent les économies réalisées.

Il y a d'autres désavantages encore : quand un gouvernement transforme de l'activité libre en services publics, il transforme du même coup les citoyens libres en quémandeurs, et empêche la réalisation du but capital de toute civilisation : la formation du caractère. Moins il y a de fonctions à conférer dans un pays, plus l'énergie individuelle et l'initiative ont l'occasion de se développer, dans l'industrie, le commerce, l'agriculture, pour le plus grand bien de la nation ; aussi les classes commerçantes et industrielles sont-elles en général indépendantes. Plus, au contraire, est âpre la curée des emplois, plus les caractères se dépriment ; et qui donc pourrait reprocher à un modeste père de famille de considérer le pain quotidien de ses enfants comme plus précieux que la fermeté politique et de faire toutes les concessions de principe nécessaires à l'obtention de l'emploi dont il doit vivre ? En ce sens, augmenter le domaine des services publics, c'est restreindre le domaine de la liberté morale.

Dira-t-on au moins que tous ces inconvénients ne sont rien, puisqu'ils procurent l'égalité ? La vérité est qu'ils ne la procurent pas et ne peuvent pas la procurer. Le niveau social sera abaissé, mais, dans la médiocrité, il y aura encore une hiérarchie. Aucune force au monde n'est capable de la supprimer, et il faut répéter ici ce que Shakspeare fait dire à Ulysse dans *Troïlus et Cressida* (acte Ier, scène III) :

« Oh ! une entreprise est bien malade lorsque la hiérarchie, échelle de tous les grands desseins, est ébranlée... Par quel autre moyen que la hiérarchie la société pourrait-elle exister ?... Enlevez la hiérarchie, désaccordez cette seule corde, écoutez la cacophonie qui s'ensuit. Toutes les choses vont se rencontrer pour se combattre. »

Les socialistes contemporains, pour rendre le collectivisme acceptable, l'assimilent à une gigantesque coopérative ou à une de nos puissantes sociétés industrielles, Le Creusot, Pittsbourg,

Seraing, Cockerill, Krupp, etc. [12]. Ils montrent, sous le contrôle d'un conseil administratif central, une série de directions autonomes : charbonnages, hauts fourneaux, aciéries, constructions mécaniques, expéditions, etc. Chaque directeur est indépendant des autres, chacun a son autorité personnelle sous l'autorité supérieure du conseil administratif. Il s'agit simplement d'appliquer le système à toute l'industrie, et, dans l'esprit de ses partisans, le gouvernement de contrôle, le conseil administratif futur de ces directions autonomes, ne ressemblerait pas à l'État bureaucratique ; ce serait un Etat modèle, résultant d'une transformation radicale des hommes dans l'ordre moral et intellectuel comme dans l'ordre politique et social.

Certainement, ce qui est bon au Creusot ou à Cockerill est bon partout ; n'oublions pas, toutefois, que ces établissements sont le produit de la liberté organisée ; ils admettent une direction personnelle, la liberté des mouvements, l'initiative, la responsabilité, l'inégalité dans les situations et dans la rémunération, c'est-à-dire la hiérarchie ; et, si par-dessus le marché, on nous donne au sommet, au lieu des hommes imparfaits qui existent les hommes parfaits qui n'existent pas encore, nous atteignons l'idéal et nous serions bien fous de refuser le cadeau.

Malheureusement, les hommes parfaits ne sont pas encore nés, et la seule différence entre la société contemporaine et la société collectiviste la plus modérée dans ses visées, c'est que le directeur libre de l'entreprise privée deviendra un fonctionnaire administratif. Du même coup, les maux variables et modifiables inhérents à nos civilisations défectueuses, mais libres, deviendront des maux permanents sanctionnés par l'Etat ; et l'on sait avec quelle lenteur cette masse pesante se met en branle quand il s'agit d'extirper des abus.

De plus, à moins de s'abstenir et d'abdiquer comme un simple Manchestérien, l'État, même réduit à une autorité de surveillance, sera dominateur et centralisateur et cherchera à enserrer l'universelle circulation des hommes et des choses dans des cadres immuables. Je crains bien qu'il ne soit pas plus facile de donner une âme à la réglementation que de mettre un frein à la concurrence actuelle.

Adolphe Prins

Le collectivisme le plus adouci serait encore l'asservissement de tous, non plus au propriétaire féodal ou au capitaliste moderne, mais à une série de directeurs de services, qui, pour n'être propriétaires ni du sol, ni du capital, n'en auraient pas moins le droit d'exercer leur souveraineté. Je ne vois pas en quoi cette souveraineté serait plus supportable parce qu'elle serait plus étendue, ni en quoi la discipline locale et tangible des usines de notre temps est plus pénible que ne le serait la discipline administrative de la grande exploitation collectiviste de l'avenir.

Dans son livre sur *le Collectivisme et l'Évolution industrielle*, M. E. Vandervelde reconnaît d'ailleurs que, même dans ce système, l'égalité n'est pas réalisable [13].

Alors, à quoi bon changer ? A quoi bon l'expropriation et les » bouleversements qui en résulteraient ? Toute la question est là. Aussi longtemps que l'humanité ne sera pas épuisée, les individualités surgiront. Si on les laisse grandir et s'élever, le collectivisme n'a plus de but ; si on les étouffe, le progrès n'a plus d'issue [14]. Ne pas tenir compte des supériorités dans tous les domaines, c'est aboutir à une sorte de mysticisme exaspéré qui noie les réalités dans l'infini.

Les hautes individualités sont nécessaires ; l'intérêt même des masses exige leur rayonnement, car les masses ont besoin de flambeaux.

Pendant que la tendance sociale organisatrice se réalise sous nos yeux, la conception socialiste collectiviste s'éloigne de plus en plus ; l'appareil scientifique dont Marx l'avait enveloppée tombe pièce à pièce, ne laissant subsister que la vieille utopie égalitaire lui servant de mobile.

L'utopie égalitaire est éternelle ; il serait injuste de la condamner sans rémission. La croyance à l'âge d'or est une force ; elle écarte des lèvres de ceux qui souffrent le poison mortel de l'infinie désespérance.

Si le voyageur perdu dans le désert a parfois besoin de l'illusion du mirage pour reprendre courage, l'humanité, voyageuse errante perdue dans le désert des agitations stériles, altérée de mieux-être, renoncerait à la lutte sans la vision lointaine d'un avenir mettant un terme à la misère de nos destinées, sans l'image radieuse d'une vie où tout serait joie, harmonie et beauté, amour et bonheur.

SECONDE PARTIE

Respectons ces illusions sacrées, mais sachons reconnaître les limites de notre savoir et de notre pouvoir. Dans tous les domaines, nous ne pouvons atteindre que le relatif ; et la société la moins imparfaite est encore celle qui, étant la moins dogmatique, ne proclame la supériorité absolue d'aucun système social, laisse un rôle à la fois à l'Etat, à l'individu, à l'association, admet la multiplicité des manifestations de l'activité humaine, tolère toutes les formes de la vie individuelle comme toutes les formes de la vie commune et réalise ainsi leur juxtaposition et leur coexistence.

La qualité du monde moderne, c'est une flexibilité de structure, qui lui permet de supporter toutes les expériences, même des expériences communistes, comme en Amérique ; l'infériorité du collectivisme, c'est sa rigidité de structure, qui le contraint à exclure tout ce qui serait en contradiction avec son principe, et qui l'empêcherait de supporter même une seule expérience individualiste.

L'histoire nous fait assister aux jeux terribles de la liberté et de la justice sociale. L'histoire moderne, en particulier, nous montre le commerce enfantant une bourgeoisie, qui a besoin avant tout de liberté individuelle ; l'industrie enfantant le prolétariat, qui a besoin avant tout d'organisation et de justice. Le problème, c'est la réduction des antagonismes, la conciliation entre la liberté et la justice ; car nous ne pouvons-nous passer ni de l'une ni de l'autre, et la liberté est dangereuse si elle n'est pas limitée par la justice sociale, comme la justice sociale est dangereuse si elle n'est pas élargie et vivifiée par la liberté. Ne nous épuisons pas dans la vaine poursuite d'une société idéale. Essayons d'obtenir une société raisonnable qui, par l'association, organise la liberté et la justice, émancipe l'individu et fournisse une base solide à l'Etat. Le progrès n'est pas dans la socialisation de la propriété privée ; il est dans l'administration commune des intérêts communs par la décentralisation et le gouvernement local, par le groupement et la représentation des intérêts.

Adolphe Prins

NOTES

1. Voyez la Revue du 15 septembre.

2. Voyez à cet égard l'étude de M. Fouillée dans la Revue du 1er mai 1900, sur le Travail mental et le Collectivisme matérialiste.

3. Le capital de Karl Marx, par G. Deville. p. 164. Paris, Flammarion.

4. Les moteurs électriques à domicile, Dubois et Julin. Publication de l'Office du Travail. Bruxelles, 1902, p. 54.

5. Le Capital de Karl Marx, par G. Deville. Paris, Flammarion.

6. Voyez Fouillée : le Travail mental et le Collectivisme matérialiste, dans la Revue du 1er mai 1900, p. 130 et G. Ferrero : la Morale primitive et l'Atavisme du Délit. Turin, 1896.

7. Marx évalue le capital aux 8/10 du capital engagé.

8. Metin, le Socialisme sans doctrines. Paris, 1901, Alcan, p. 109 et s.

9. G. Deville, Livre cité, p. 214.

10. Vandervelde, le Collectivisme et l'Évolution industrielle. Bibliothèque socialiste, Paris, 1900.

11. Écoutons Engels ; ses espérances ne diffèrent pas de celles d'Adam Smith : « La société, en s'appropriant les moyens de production pour les distribuer d'après un plan uniforme, met un terme au régime qui actuellement asservit les hommes à leurs propres moyens de production. — La Société, en se libérant, libère chaque individu. L'ancien système de production, modifié de fond en comble, est remplacé par une organisation de la production où le travail productif, au lieu d'être un moyen d'asservissement, devient un moyen de libération des hommes. En effet, dans ce système, chacun a l'occasion de développer toutes ses facultés physiques et intellectuelles dans toutes les directions, et le travail n'est plus un fardeau mais un plaisir. » Voyez aussi Andler, les Origines du socialisme d'État en Allemagne. Paris, 1897, Alcan.

12. Voyez notamment le développement de cette idée dans le livre déjà cité de M. Emile Vandervelde : le Collectivisme et l'Évolution industrielle.

SECONDE PARTIE

13.   M. Vandervelde montre (p. 200-203) que le collectivisme n'implique pas nécessairement l'égalité de la rémunération et qu'une société collectiviste pourrait maintenir la hiérarchie des traitements.

14.   Où est le stimulant du progrès, si la propriété étant réduite au revenu du travail on ne peut plus léguer ce revenu ni à des œuvres spéciales ni à des individus ? Que signifie un revenu qui meurt avec celui qui l'a épargné comme les richesses des peuples barbares et des Incas étaient enfouies avec leurs possesseurs ? Si, au contraire, il est permis de léguer le revenu, on reconstitue les fortunes inégales.

ISBN : 978-1544030197

Adolphe Prins